Gunda Maria Eggerking

Das Wunder von Lourdes

Eine Reise durch die Zeit

DIE AUTORIN

Gunda Maria Eggerking ist Diplom-Pädagogin und beschäftigt sich seit vielen Jahren mit katholisch-theologischen Fragen und den spirituellen Geheimnissen des Christentums. Sie ist freiberuflich im Bereich der Wissensvermittlung verschiedener Themen tätig.

GUNDA MARIA EGGERKING

DAS WUNDER VON LOURDES

BAND I
EINE REISE DURCH DIE ZEIT

BERNARDUS-VERLAG 2020

Impressum

1. Auflage 2020

Printed in Germany

Bernardus-Verlag
Verlagsgruppe Mainz
Süsterfeldstraße 83
52072 Aachen
www.bernardus-verlag.de

Gestaltung, Druck und Vertrieb:
Druck & Verlagshaus Mainz
Süsterfeldstraße 83
52072 Aachen
www.verlag-mainz.de

Abbildungsnachweis (Umschlag):
https://commons.wikimedia.org/wiki/File:La_grotte_miraculeuse_%C3%A0_Lourdes_(vers_1860).jpg

ISBN-10: 3-8107-0326-5
ISBN-13: 978-3-8107-0326-2

Inhalt

Lourdes – Der Ort der Unbefleckten Empfängnis Ein geschichtsträchtiger Ort

Der Marienwallfahrtsort Lourdes, der auf einzigartige Weise Himmel und Erde verbindet, liegt in Südfrankreich am Fuße der wunderschönen Pyrenäen. Er ist der drittgrößte Marienwallfahrtsort der Welt und der größte in Europa. Seit dem Jahr 1858, als der 14-jährigen Bernadette Soubirous achtzehn Mal die Jungfrau Maria in der Gestalt eines jungen Mädchens erschienen war und sich am 25. März als Unbefleckte Empfängnis offenbarte, ist Lourdes ein großer Gnadenort für Körper, Seele und Geist des Menschen. Neben dem Auftrag an die Priester, am Erscheinungsort eine Kapelle zu bauen, wies die Jungfrau Maria Bernadette auch an, eine Quelle freizulegen, die im Felsen verborgen gewesen war. Im Zusammenhang mit den Erscheinungen der Jungfrau und dem Wasser der Quelle kam es zu ersten unerklärlichen Heilungen. 1862 wurde die Glaubwürdigkeit der Erscheinungen kirchlich anerkannt. Damit begannen die offiziellen Wallfahrten. Heute besuchen jedes Jahr mehr als sechs Millionen Pilger aus 130 Ländern, darunter über 500.000 junge Menschen, den kleinen Pyrenäenort. Lourdes ist vor allem ein Ort der Begegnung mit der Unbefleckten Empfängnis und **der Ort** der Hoffnung auf Genesung durch die heilende Kraft des Wassers aus der Quelle und den Eucharistischen Segen. Neben dem stillen Gebet und dem Bad im Wasser der Quelle gehört auch das Sakrament der Versöhnung und das betende Gehen entlang des beeindruckenden Kreuzwegs hinauf auf den Kalvarienberg zu einer erfüllten Pilgerfahrt dazu. Die Höhepunkte der Wallfahrt bilden der Gottesdienst an der Grotte und die täglichen Prozessionen: Die eucharistische Prozession, auch Sakramentsprozession genannt, die es seit dem 22. August 1888 gibt, sowie die allabendliche Lichterprozession, in deren Rahmen die vielen Kranken und Gesunden – innerlich im Herrn vereint – gemeinsam singen und beten. Ein unvergessliches Erlebnis! Auch Professor Dr. Alfred Läpple war davon sehr ergriffen: »Die geradezu greifbare Erfahrung der Gnade Gottes, das Erlebnis des bergeversetzenden Glaubens der betenden, weinenden, frohen Menschen in Lourdes – verwirrt, bestürzt, fasziniert, macht betroffen. Verspürt aber nicht angesichts der vielen Kranken gerade der gesunde Mensch, wie wenig er bisher seinem Schöpfer für seine Gesundheit an Leib und Seele gedankt hat?«

Das Bemerkenswerteste ist für ihn jedoch, »daß in Lourdes die Marienverehrung nicht getrennt von der Christusfrömmigkeit steht. Das Ave Maria verbindet sich mit dem Vaterunser. Die Lichterprozessionen enden mit dem Segen des Allerheiligsten. Der Weg zur Grotte hat seine Verlängerung in der Eucharistiefeier. Die Kranken, die in die mit Lourdes-Wasser gefüllten Badezellen steigen und dort um Heilung beten, erhalten immer auch den Segen mit der Monstranz.«

In dieser Einheit von Gottvater, Christus und der Muttergottes lebte auch Bernadette, die in einer Gegend aufwuchs, deren einfache Bewohner sich aufgrund ihrer geographischen Abgeschiedenheit von der übrigen Welt eine besondere, geschichtlich begründete Lebenseinstellung erhalten hatten. Zum einen waren sie von einer tiefen christlichen Frömmigkeit geprägt, zu der das tägliche Vaterunser und vor allem auch der Rosenkranz gehörte, den jede Frau und jedes ältere Mädchen in Lourdes ständig bei sich trug – auch Bernadette. Und zum anderen waren ihnen noch alte matriarchale Traditionen aus den Pyrenäen vertraut, die aber keinen Gegensatz zum Christentum bildeten, sondern einfach dazugehörten.

Doch die Spuren in Lourdes führen noch weiter in die Vergangenheit zurück und – nun kommt das Unglaubliche! – sie trafen sich im selben Ort im selben Zeitraum, in dem auch die Jungfrau Maria in Lourdes erschienen ist. Denn seit der Mitte des 19. Jahrhunderts zog dieses Städtchen wegen seiner Höhlen und Felsformationen auch die Aufmerksamkeit der gerade sich erst entwickelnden Eiszeitforschung auf sich, die auf der Suche nach späteiszeitlichen Zeugnissen war. Die Forscher wurden fündig und entdeckten in der Grotte von Massabielle über zehntausend Jahre alte menschliche Knochen und in einer ausgegrabenen Erdschicht sogar Bilder, die im Zusammenhang mit den berühmten Höhlenmalereien stehen. Doch die bedeutendste Entdeckung machten sie in einer großen Höhle, die oben am Ende des Kreuzwegs am Kalvarienberg zu finden ist, in der Grotte von Espélugues.

So hat Lourdes also schon eine sehr, sehr lange Zeit vor der Erscheinung der Jungfrau Maria im Jahr 1858 eine bedeutende Rolle in der geistigen und religiösen Entwicklungsgeschichte der Menschheit gespielt und damit die spätere Geschichte geprägt, deren Spuren sich bis in das 19. Jahrhundert und darüber hinaus erhalten haben. Und wenn man die lange Geschichte, der man in Lourdes begegnet, in einem Satz zusammenfassen will, so entsteht eigentlich ein überraschender, staunender Ausruf: »In was für einem geschichtsträchtigen Gebiet liegt dieses kleine und gleichzeitig so große Städtchen Lourdes!« Dieses Staunen, das mich bei meinen Entdeckungen, denen ich in diesem Buch nachgehen möchte, ergriffen hat, führte dazu, dass ich mich ausführlicher mit Lourdes' lange zurückliegender Vergangenheit beschäftigte, als man es vielleicht von einem Buch über einen Marienwallfahrtsort erwartet. Dabei beziehe ich jedoch nur die Themen ein, die mit Lourdes in irgendeiner Weise verbunden ist; auch wenn der Zusammenhang nicht sofort sichtbar wird. Und wenn man sich der geschichtlichen Vergangenheit dieser Gegend ehrfurchtsvoll nähert, kann man die Ereignisse von 1858 in ihrem vollen Umfang erst richtig mit Herz und Sinn erfassen

– die Offenbarung der Unbefleckten Empfängnis an die ganze Welt.

Doch mit den Erscheinungen der Jungfrau Maria in der Grotte von Massabielle war auch eine ernsthafte Mahnung verbunden, die immer noch aktuell ist. Der Päpstliche Legat Kardinal Ivan Dias wies am 8. Dezember 2007 in Lourdes ausdrücklich darauf hin: »Von dieser gesegneten Grotte aus hat die Jungfrau Maria einen dringenden Appell an alle gerichtet, zu beten und Buße zu tun, um die Bekehrung der armen Sünder zu erreichen.« Diese dringende Mahnung der Unbefleckten Empfängnis nach Buße und Umkehr begleitet auch meine folgenden Ausführungen.

Das religiöse und kulturelle Erbe von Lourdes

Die Geschichte von Lourdes kann man zurückverfolgen bis zum Ende der letzten Eiszeit, das in der Forschung auf etwa 10.000 bis 8.000 vor Christus datiert und aufgrund der Steinfunde als Altsteinzeit bezeichnet wird. In Bezug auf die Religionsvorstellungen dieser eiszeitlichen Menschen gingen die damaligen Forscher aufgrund ihrer Funde davon aus, dass sie an eine Art männlichen Urgott glaubten. Dieser Zeitabschnitt hat in Lourdes greifbare und sichtbare Spuren in den Höhlen und am Ufer des Sees hinterlassen. Einige tausend Jahre später folgte eine längere vom Matriarchat geprägte Zeit, die sich in der Verehrung der Erde als Ahnfrau der Menschen ausdrückte. Auch diese Zeit hat in Lourdes ihre Spuren hinterlassen, die sich noch im 19. Jahrhundert sowohl im irdischen als auch im immateriellen Bereich, dem der Mythologie, erhalten haben. Und um etwa 800 nach Christus gab es dann eine Reihe von Ereignissen, die sich ganz im christlichen und marianischen Bereich zutrugen. Dem in Lourdes entscheidenden Jahr 1858 gingen also drei bedeutende Zeitabschnitte voraus, die alle in ihrer eigenen Art die Bernadette zuteil gewordene Erscheinung der Jungfrau Maria als Unbefleckte Empfängnis in gewisser Weise vorbereitet haben.

Das 19. Jahrhundert war für die Geschichtsschreibung insgesamt ein sehr bedeutendes Jahrhundert, besonders in Frankreich. Für den religiösen Glauben war es eine schwierige Zeit, denn ungefähr seit den vierziger Jahren dieses Jahrhunderts ließ sich ein zunehmend materialistisches Denken feststellen, das alle religiösen Überzeugungen ablehnte. Doch innerhalb der geschichtlichen Forschung bewirkte diese Skepsis etwas Positives, denn der Mensch wurde frei, eigene Erforschungen unabhängig von vorgegebenen Meinungen anzustellen und damit auch Verantwortung für das eigene Handeln zu übernehmen.

Den Durchbruch für die geschichtliche Forschung ermöglichte der Franzose Napoleon Bonaparte, denn mit seiner Neuerschließung Ägyptens machte er das 19. Jahrhundert zum Jahrhundert der Geschichtsforschung auf allen Gebieten. So lag beim Übergang zum 20. Jahrhundert nicht nur ein Geschichtswissen der letzten fünftausend Jahre der Menschheitsvergangenheit vor, sondern darüber hinaus hatte auch die Steinzeitforschung viele Einblicke in die geschichtlichen Vorgänge bekommen, die noch vor dem Jahre 3000 vor Christus lagen. Dieses Jahr 3000 v. Chr. war sehr bedeutsam, ging doch das, was als Geschichte bezeichnet wird, weil es in mehr oder weniger sinnlich-beschreibenden Tatsachenberichten oder Dokumenten überliefert wurde, in eine Vergangenheit über, die nur anhand von Ausgrabungen rekonstruiert werden konnte. Diese Vergangenheit wird deshalb als »Vorgeschichte« oder »Prähistorie« bezeichnet. Dabei trafen die Forscher, die rückwärtsgehend die vorgeschichtlich-mythischen Jahrtausende bis zur ältesten Steinzeit gründlich erforscht hatten und immer konkretere Bilder aus jener Urzeit entwerfen konnten, um etwa 10.000 bis 8.000 vor Christus erneut auf einen tiefen Einschnitt. Es war der Ausgang der letzten Vereisung, eine Zeit, in der große Bevölkerungsströme von Asien her nach Westen gezogen waren, die dadurch die alteuropäische Völkergeschichte, besonders in Südfrankreich, nachhaltig geprägt haben. Nun entstand ein neuer wissenschaftlicher Zweig, die Eiszeitforschung, die sich aufgrund der Dringlichkeit des Themas in Zusammenarbeit mit vielen anderen Wissenschaftszweigen der Erforschung der Jahrtausende der Eiszeiten widmete. So konnten die Forscher in geologischer Hinsicht sogar bis in das sogenannte atlantische Zeitalter, das im 10. Jahrtausend vor Christus endete, ein aufklärendes Licht werfen. Doch die Auswertung dieser uralten Funde bedurfte eines anderen Zugangs, da man die Erdgeschichte und ebenso die unserer Menschheit nur dann vollständig verstehen kann, wenn man zu den wertvollen Erkenntnissen der naturwissenschaftlichen Forschungen die ebenso wertvollen wissenschaftlichen Erkenntnisse hinzuzieht, die auf geistigem Wege erworben wurden. Diese wurden vor allem in alten Quellen bis in unsere Zeit überliefert und konnten teilweise durch entsprechende Forschungen in der ersten Hälfte des 20. Jahrhunderts ergänzt werden. Aus unserem christlichen Glauben heraus können wir diese Tatsache anerkennen, da wir wissen, dass alles Physische einen geistigen Hintergrund hat. In Bezug auf die Eiszeit- und Urgeschichtsforschung bedeutet das, diese alten geistigen Erkenntnisse als gleichwertig anzuerkennen und sie in die naturwissenschaftlichen Erkenntnisse einzubeziehen. Dies ist auch die Ansicht von Sigismund von Gleich: »Alle Wirklichkeit hat eine sinnliche Erscheinungsseite und eine geistige Wesensseite. Die Sinnesforschung, der sich die Erscheinungen darbieten, will ergänzt sein durch eine Geisteswissenschaft, die das verborgene Wesen aufschließt. Werden beide Wissenschaften recht gepflegt, dann müssen sich ihre Forschungsergebnisse wie in der Mitte der Wege begegnen und in der fruchtbarsten Art wechselseitig ergänzen.« Bereits in den dreißiger Jahren des 20. Jahrhunderts stellte er fest, dass die Menschen sich nicht mehr mit dem bloßen Kennenlernen der urgeschichtlichen Tatsachen begnügen wollten, sondern es ihnen wichtig war, sie auch zu verstehen. Dabei fühlten sie vielfach, dass ihnen das Verständnis der Urgeschichte nur im Lichte eines geistig-göttlichen Menschenbildes offenbar werden konnte. Doch erst seit Beginn des 20. Jahrhundert tauchte auch innerhalb der Eiszeitforschung, die sich ab der zweiten Hälfte des 19. Jahrhunderts eine fundierte Basis im naturwissenschaftlichen Bereich geschaffen hatte, plötzlich die Fragestellung nach der geistigen Herkunft der Menschheit auf. Von diesem Zeitpunkt an konnte man in allen Bereichen – auch in Kunst und Kultur – eine Art Bewusstseinssprung in der geistigen Verständnisfähigkeit vieler Menschen feststellen, die deren Lebensgefühl grundlegend veränderte. Deshalb war es auch im geschichtlichen Bereich möglich, dass zahlreiche Veröffentlichungen zur spätatlantischen Urgeschichtsforschung in Verbindung mit der Eiszeit erscheinen konnten, da immer mehr Menschen sich dafür interessierten; wollten sie sich doch nicht nur der physischen, sondern auch der geistigen Urvergangenheit der Menschheit wieder bewusst werden. Vor allem die Jahre zwischen 1928 und 1931 führten nach Angabe von Sigismund von Gleich zu bedeutenden Ergebnissen, so dass sich der damalige Wissenshorizont sprungartig erweiterte. Deshalb konnte er die natur- und geisteswissenschaftliche Geschichte der Eiszeit Mitte der dreißiger Jahre des 20. Jahrhunderts bereits in allen Einzelheiten darlegen und 1936 in seinem Buch »Der Mensch der Eiszeit und Atlantis« feststellen: »Wurde man im vorigen Jahrhundert im allgemeinen für unwissenschaftlich gehalten, wenn man von der Atlantis zu sprechen wagte, so kann heute umgekehrt eigentlich nur derjenige noch die Atlantis ableugnen, der nicht vertraut ist mit den entsprechenden geologischen und urgeschichtlichen Forschungsergebnissen; so daß man wohl sagen darf: es ist unwissenschaftlich geworden, *nicht* von der Atlantis zu sprechen.«

Doch leider brach einige Jahre später der Zweite Weltkrieg aus und viele geistige Errungenschaften und die damit verbundenen Erkenntnisse gingen vor allem den Deutschen verloren. Heute wagt man es in der vorgeschichtlichen Wissenschaft nur selten, die Tatsachen über Atlantis mit der Eiszeitforschung in Verbindung zu bringen, so dass die Erkenntnisse aus der ersten Hälfte des 20. Jahrhundert vielfach auf ihre Wiederentdeckung warten. Doch die Sehnsucht der Menschen gibt sich heute noch weniger mit rein irdischen Erklärungen unserer Vergangenheit zufrieden, da sie keine Antworten auf die Fragen der Gegenwart bieten. Deshalb ist es dringend notwendig, wieder ein Gleichgewicht zwischen physischer und geistiger Forschung, wie es vor dem Zweiten Weltkrieg in der Wissenschaft noch gepflegt wurde, herzustellen. Denn wir sind irdische und geistige Wesen und werden nicht eher zufriedengestellt sein, ehe wir unseren göttlichen und irdischen Ursprung erkannt haben. Und es ist der Heilige Geist in uns, der Geist der Wahrheit und Erkenntnis, der jeden Menschen, so er dies will und darf, in die Lage versetzen kann, innerlich die Wahrheit zu erkennen. Da es in diesem Buch mein Anliegen ist, Himmel und Erde zu verbinden, hoffe ich, beide Wissenschaftsrichtungen, die man nicht wirklich trennen kann, verständlich wiedergeben zu können, damit auch Sie, lieber Leser und liebe Leserin, Freude und Erkenntnis darin finden.

Etwas möchte ich jedoch noch einführend bemerken. Beim Lesen dieses Buches werden Sie viele längere Zitate finden, denn ich war oft so »respektvoll begeistert« von einzelnen Ausführungen, dass es mir widerstrebte, sie mit eigenen Worten wiederzugeben. Dadurch hätten sie ihren Charme verloren. Mit diesem Vorgehen schließe ich mich in gewisser Hinsicht den Worten Bernadettes an, die sie nach den Recherchen des Jesuitenpaters André Ravier wenige Tage vor ihrem Tod gesagt hat: »Wenn ich die Leidensgeschichte lese, macht mich das stärker betroffen, als wenn sie jemand erklärt.«

Zeitgeschichtliche Einordnung

Für ein geschichtliches Verständnis der folgenden Ausführungen ist eine zeitliche Einordnung notwendig. Dabei werden in der Wissenschaft drei verschiedene Berechnungsarten zugrunde gelegt:

1.) Die erste ist die kosmische oder astronomische Einordnung, deren Berechnungen aus einer sehr alten Zeit stammen, in der Astronomie und Astrologie noch zusammengehörten. Später wurden beide Bereiche getrennt, in eine rein naturwissenschaftliche Astronomie ohne göttliche Anbindung, und eine Astrologie, die in jüdischen Quellen bezeichnenderweise als »babylonische Astrologie« bezeichnet wurde, und die uns in der modernen Zeit in den nicht-christlichen Praktiken der individuellen Zukunftsdeutungen in Form eines Horoskops begegnen. Deshalb sind die wertvollen Erkenntnisse der alten Weisheit, die ich hier wiedergeben möchte, nur noch in den Überlieferungen zu finden. So sprach man in dieser uralten Astronomie von unterschiedlich ausgeprägten, aufeinanderfolgenden Zeitaltern, die sich im astronomischen Kalender anhand des im Tierkreis rückwärts wandernden Frühlingsaufgangspunktes der Sonne genauestens berechnen ließen. Nach dieser Berechnung dauert ein sogenannter Weltenmonat – die Zeit, die der Frühlingsaufgangspunkt in einem bestimmten Tierkreiszeichen verbleibt – 2.160

Jahre. Wie es Sigismund von Gleich schreibt, war die erste Berechenbarkeit der Zeitalter vor Christus jedoch erst möglich, als der Frühlingsaufgangspunkt der Sonne im Sternbild der Waage (13.707 bis 11.547) stand. Danach wanderte er durch das der Jungfrau (11.547 bis 9.287), des Löwen (9.387 bis 7.227) und des Krebses (7.227 bis 5.067). Damit endete die Vorgeschichte, wie man auch im alten astrologischen Wendezeichen des Krebses erkennen konnte. Im nachfolgenden Zeitalter der Zwillinge (5.067 bis 2.907) fand dann der Übergang von der Prähistorie zur Geschichtlichkeit statt, so dass man erst ab etwa 3.000 vor Christus von der geschichtlichen Zeit sprechen kann, wie ich bereits ausgeführt habe. Diese Berechnungsweise ist auch weiterhin gültig, so dass man für die christliche Zeit sagen kann: Jesus Christus, dessen Tod und Auferstehung den Höhepunkt der erdgeschichtlichen Entwicklung darstellt, erschien in der Mitte des Widder-Zeitalters (747 vor Christus bis 1413 nach Christus) und wir befinden uns jetzt im Zeitalter der Fische, auf dessen Bedeutung ich später näher eingehen werde.

Da in manchen esoterischen Kreisen fälschlicherweise vom nahenden Wassermann-Zeitalter gesprochen wird, zitiere ich dazu den Mathematiker Wolfgang Held, der diese Annahme schlüssig widerlegt. Er schreibt: »Gegenwärtig ist dieser Ort, von dem aus die Sonne den Frühling einläutet, am rechten Rand der Fische. Es dauert aber noch 550 Jahre, bis die Sonne tatsächlich in den Wassermann eintritt. Und selbst dann ist von einem Wassermann-Zeitalter noch kaum die Rede. Wer die historischen Entwicklungen betrachtet, sieht, dass erst dann, wenn der wandernde Frühlingspunkt das Zentrum eines Bildes erreicht, dessen Signatur in der Menschheit erscheint. So hat der Frühlingspunkt im 15. Jahrhundert die Mitte der Fische erreicht. Mit der Renaissance brach damals auch tatsächlich eine neue Zeit an.«

Die Bedeutung der verschiedenen astronomischen Zeitalter liegt also darin, dass sie jeweils einen großen

Einfluss auf die Entwicklung der Menschheit haben; mit all ihren geistig-religiösen, kulturellen und materiellen Errungenschaften. Dieser Zusammenhang ist uns in den griechischen Sagen, die urgeschichtliche Wahrheiten wiedergeben, aber auch anhand von bestimmten Erscheinungen aus der Antike, wie die Bedeutung des Stiers in der ägyptischen Epoche des Stierzeitalters, überliefert worden. Sigismund von Gleich betont deshalb: »Alle Chronologie, die historische wie die prähistorisch-steinzeitliche, gelangt auf sichere Grundlagen, wenn man die [...] historisch vielfältig belegbare Tatsache berücksichtigt, daß sich die großen Kulturepochen der Menschheit unter *kosmischen* Einflüssen entwickelt haben. Der Gang des Frühlingsaufgangspunktes durch den Tierkreis spielt eine entscheidende Rolle in der Bewußtseins- und Kulturen-Entwicklung aller Zeiten.«

Dabei stehen die Zeitalter, deren Zeichen sich im Tierkreis gegenüberliegend befinden, in einem engen Zusammenhang; wobei für die folgenden Ausführungen in christlicher Hinsicht nur die der Jungfrau und der Fische von Bedeutung sind.

Wenn der Autor von kosmischen Einflüssen spricht, gehört dazu zunächst die Feststellung, dass GOTT, der Schöpfer <u>allen</u> Seins, auch den Kosmos und somit auch den Tierkreis erschaffen hat. Der griechische Name für das Sternenrund ist »Zodiakos« und bedeutet »Zirkel des Lebens«. So wird er auch in anderen Sprachen »Kreis des Lebens« genannt.

Aus dieser Bezeichnung können wir ersehen, dass der Zodiakos der Entwicklung der Erde und der Menschheit dient, indem durch ihn die göttlichen Hierarchien schöpferische Impulse auf die Erde heranströmen. Das sah Jakob im Bild der Leiter. Die Einflüsse des Tierkreises haben, wie auch die der Sonne und des Mondes, deshalb nichts mit »Esoterik« zu tun, sondern entsprechen dem Plan Gottes.

Und wenn wir in einer dunklen klaren Nacht in den sternenübersäten »Himmelsdom« schauen, dann werden wir vor Ehrfurcht still, da wir fühlen, dass auch das Sternenzelt vom Geist Gottes erfüllt ist – und wir erinnern uns, dass Jesus Christus der Herr der Erde und des Kosmos ist.

2.) Die zweite Einordnung ist eine Zeitbestimmung, die sich nach der Art der archäologischen Entdeckungen richtete. So bezeichnete man die Zeit der groben Steinfunde als die Altsteinzeit, aus der auch die Funde aus der Grotte von Massabielle und die der Höhle von Espélugues stammen.

3.) Die dritte ist die damalige archäologische Einordnung, die innerhalb der eiszeitlichen Vorgeschichte anhand von übereinander gelagerten Erdschichten im Erdreich erfolgte. Da die Archäologen in jeder dieser Schichten fündig wurden, ließ die Aufeinanderfolge der Erdschichten eine fortschreitende menschliche Entwicklung erkennen. Um diese Entwicklung anhand der einzelnen Erdschichten einordnen zu können, gab man den Schichten Bezeichnungen. Die unterste Schicht zu Beginn der letzten Eiszeit wurde als Moustérien-Periode, die Schicht während des Höhepunktes der Eiszeit als Aurignacien und Solutréen, und diejenige während des Zurückweichens des Eises, also die oberste Schicht, als Magdalénien bezeichnet. Da die ersten Funde der Eiszeitentdeckungen in Südfrankreich gemacht wurden, wurden die Erdschichten nach den französischen Orten benannt, in denen die Archäologen das erste Mal in der entsprechenden Erdschicht fündig wurden.

Die eiszeitlichen Grotten von Massabielle und Espélugues

Diese Erläuterungen führen uns direkt zu den Höhlen in Lourdes: Zur Grotte von Massabielle und zur Grotte von Espélugues. Espélugues ist eine alte Bezeichnung für den Hügel, in dem die Höhle liegt. Und obwohl sie nicht die einzigen Grotten in den Pyrenäen sind, sondern dort insgesamt etwa 300 Höhlen und Felsnischen existieren, spielen diese beiden Grotten innerhalb der Eiszeitforschung eine besondere Rolle, da sie beide im 19. Jahrhundert archäologisch gründlich erforscht wurden und Beweise für eine altsteinzeitliche Besiedlung geliefert haben. Die wichtigen Funde wurden sogar in dem Buch »Das Erwachen der Menschheit« von Professor Dr. Herbert Kühn, erwähnt – was ihren gleichwertigen Stellenwert mit anderen kleinen Ausgrabungsstätten innerhalb der Vorgeschichtsforschung deutlich macht. Als man zunächst die Grotte von Massabielle archäologisch untersuchte, fand man dort Steinmaterial und Knochen eines modernen Menschentyps aus der Altsteinzeit, der letzten Epoche der Eiszeit, dem Magdalénien. Sie wurden dem Naturhistorischen Museum von Toulouse übergeben.

Ausgiebigere Funde ergaben die Erforschungen der Grotte von Espélugues. Diese Entdeckung, die mich so begeistert hat, dass sie mich zu den ausführlichen Betrachtungen über die Eiszeit und von dort sogar zum versunkenen Kontinent Atlantis geführt hat, verdanke ich einem Artikel im Lourdes Magazine von 2003 (Nr. 122) mit dem Spezialthema »Grotte – ›Der Herr ist mein Fels‹«, in dem Mathias Terrier, der damalige Redakteur des Lourdes Magazine, über diese Grotte beziehungsweise Höhle berichtete, die am Ende des Kreuzwegs, oben auf dem Kalvarienberg zu finden ist. Meine Dankbarkeit darüber möchte ich damit zum Ausdruck bringen, dass ich seinen Artikel, der so ansprechend geschrieben ist, fast gänzlich wörtlich wiedergebe.

Der Artikel trägt die Überschrift »Bei Massabielle: Ein Heiligtum aus der Vorgeschichte«. Mathias Terrier schreibt darin:

> »Für die Gletscherforscher ist die Gegend von Lourdes ein offenes Buch über die Geschichte des Gletschers von Argelés, dem größten Gletscher der Pyrenäen. Dieser riesige Eis- und Felsstrom, der von den Gipfeln von Vignemale herabgekommen ist und von Nebenflüssen aus dem Balaitous und dem Marboré gespeist wurde, hat mit seinen Moränen den Horizont der Stadt überschwemmt, die beiden Anhöhen Ger und Béout verschlungen und sozusagen als Unterschrift den See von Lourdes hinterlassen. Lourdes wurde auf der ersten Felsenanhöhe der Pyrenäern errichtet. Von dort gelangt man in eine Vielzahl von Tälern, von denen die einen verborgen, die anderen viel besucht sind. In diesen Kalk- und Marmorfelsen haben sich die Höhlen gebildet, die wahre Heiligtümer der Vorzeit darstellen. Für die Forscher der Vorgeschichte vereint das Gebiet von Lourdes alle Bedingungen, die später die Niederlassung der ersten Menschen ermöglicht haben. Man kann annehmen, dass die Menschen der ersten Zeit aus den Tälern gekommen sind. Sie folgten dem Flusslauf des Gave und haben vielleicht in der Grotte von Massabielle Unterschlupf gesucht […]. Für sie konnte es kaum von Interesse sein, sich hier niederzulassen: Erstens ist der Unterschlupf nicht geräumig, und außerdem ist er den Überschwemmungen durch den Fluss ausgesetzt.
>
> Als sie weitersuchten, fanden sie 65 Meter oberhalb des Gave die Grotte von Espélugues, die man heute am Ende des großen Kreuzwegs nach der letzten Station erreichen kann. In dieser großen Höhle mit ihren vielen Verzweigungen haben die vorgeschicht-

lichen Menschen für die späteren Generationen die Darstellung ihres einfachen Lebens hinterlassen. Die sogenannte Grotte von Espélugues ist 7 bis 10 m hoch, wird von drei großen Öffnungen gut erhellt, ist leicht gegen nahende Raubtiere zu verteidigen, ist trocken genug und doch nicht weit von einem Wasserlauf entfernt. [...] 1833 erkannte Eugéne Viollet-le-Duc, der in den Pyrenäen unterwegs war, die Qualitäten dieser Grotte und zeichnete ihren Südeingang von innen gesehen. Aber erst 1850 begann Davezac dort mit den ersten archäologischen Forschungen. Ihm folgten noch zahlreiche weitere Forscher – sowohl Amateure als auch Fachleute. Alle hatten den Wunsch, mit ihren faszinierenden Entdeckungen diese Epoche der Vorgeschichte zu erhellen. Ihre Namen sind Milne-Edwards, Lartet, Christy, Lafitte, Frossard, Dufourcet, Nelli, Omnes. Was haben sie entdeckt? Als Léon Nelli 1889 nach Lourdes kam, hatten die Patres der Unbefleckten Empfängnis in der Grotte von Espélugues eine Statue der heiligen Maria Magdalena und eine Statue Unserer Lieben Frau von den Sieben Schmerzen aufgestellt. Um die Wölbung höher und schöner zu machen, waren sie leider auf den unglückseligen Gedanken gekommen, die Grotte freizuräumen. Ohne den Mut zu verlieren, setzte Léon Nelli seine Forschungsarbeit fort und sollte dafür auch belohnt werden. Denn er entdeckte das schönste, uns bekannte Kunstwerk aus der Altsteinzeit: Eine kleine Pferdestatue aus Mammutelfenbein. Dieses Kunstwerk wird heute im Nationalmuseum für Antike in Saint-Germain-en-Laye aufbewahrt; ein Gipsabdruck davon ist im Pyrenäenmuseum in Lourdes zu sehen. 1873 stieß Dufourcet bei seiner Forschung auf eine ziemlich dicke Steinplatte. Als er sie wegrückte, traten die Reste eines menschlichen Skelettes zutage. Rechts neben dem Toten lagen auf einer Schieferplatte drei Rippen von Auerochsen, eine ganze Ziege, deren vier

Beine abgeschnitten waren, eine Sammlung weißer Schnecken, sowie eine Tonvase. Wer war der Tote? Ein Mensch aus der Vorgeschichte, so viel ist sicher. Vielleicht ist es der Künstler, dessen Werk – das kleine Pferd – über Tausende von Jahren hinweg gesprungen ist und zu uns geritten kam. Wenn die Pilger in der Nähe dieser Grotte ihren Kreuzweg beten, kommt ihnen sicher nicht im Entferntesten in den Sinn, dass hier der erste Künstler von Lourdes gelebt hat.«

Neben der Abbildung des kleinen Pferdes am Ende des Artikels stehen die schönen, aufmunternden Zeilen: »Dieses Zeichen aus fernen Zeiten zeugt von dem tiefen Wunsch nach Freiheit, der den Menschen schon immer beseelt hat. Eröffnet uns die Botschaft von Lourdes heute nicht einen Weg der inneren Befreiung?«

Zur Zeit der Entdeckung der Höhlen, also auch zur Zeit Bernadettes, war dieser Hügel ein kärgliches Weidegelände für Ziegen und Schafe, wo zwischen Steinen, Sträuchern und Disteln nur wenig Gras wuchs. Um den heiligen Bezirk vor störender Bebauung zu bewahren und den Menschen eine ruhige Landschaft der Entspannung und des Gebetes zu bieten, wurde dieser Hügel sehr früh vom Bischof von Lourdes angekauft. Er hatte das Wohl der Pilger im Auge und war sich zur damaligen Zeit sicher keiner geschichtlichen Bedeutung bewusst, was die vorgenommene Veränderung der Grotte erklärt. Doch es ist sehr bedauerlich, wenn der Zugang zu dieser berühmten Höhle versperrt ist und den Pilgern der Blick in die ferne Vergangenheit, in der »der erste Künstler von Lourdes gelebt hat«, verschlossen bleibt.

Die Umwelt in Südfrankreich während der Eiszeit

Nun wissen wir, wie der Hügel der Grotte von Espélugues im 19. Jahrhundert ausgesehen hat, doch wie sah die südfranzösische Umwelt gegen Ende der letzten Eiszeit aus? Wie lebten damals die Menschen, die solche Kunstwerke wie das kleine Pferdchen herstellen konnten? Einen Einblick in diese Zeit geben uns die folgenden Forschungsergebnisse: Während der Eiszeit reichten die Gletscher im Süden Frankreichs von den Pyrenäen bis tief in das Landesinnere. In Südfrankreich betrug die Juli-Temperatur 19 Grad, die Januar-Temperatur minus 16 Grad. Außerordentlich stark waren die Winde, die durch die großen Inlandeisflächen in Bewegung gesetzt wurden. Etwa um 10.000 vor Christus wurde es etwas wärmer. Die Landschaft war ganz ohne Bäume; bei den baumartigen Pflanzen handelte es sich um Zwergformen, die auf der Erde krauchten. Weiter nach Süden ging die Tundra in eine Steppenflora über. Der Winter war sehr lang und kalt und der Sommer kurz und intensiv mit trockener Luft. Der Wald nördlich der Pyrenäen fehlte ganz. Nur ein schmaler Streifen von Strauchtundra fand sich an manchen Stellen im südlichen Frankreich. In dieser Landschaft lebte der damalige Mensch und mit ihm auf den weiten Ebenen und an den Flüssen der Steppe und der Tundra das größte und mächtigste Tier der Eiszeit, das Mammut, eines der wichtigsten Beutetiere für den Menschen. Es konnte besonders gut bestimmt werden, weil es nur zu einem einzigen Zeitpunkt in Mittel- und Westeuropa lebte, und zwar nur in der jüngeren Eiszeit. Im Laufe des Magdalénien verschwand es und im späten Magdalénien existierte es schon nicht mehr. Das Mammut war durch sein Haarkleid besonders dafür geeignet, die kalte Jahreszeit zu überstehen. Aus Mammutelfenbein ist auch das kleine Wildpferdchen in Lourdes hergestellt worden. Das Wildpferd war für den eiszeitlichen Menschen ebenfalls ein sehr wichtiges Jagdtier, denn es erschien vom Aurignacien bis zum Magdalénien immer wieder: auf Knochen, in der Skulptur, im Relief und an Felswänden. Aus dieser Zeit sind hauptsächlich drei Wildpferdtypen bekannt; das Przewalski-Pferd, der Tarpan und das schwere Quartierpferd. Die überwiegende Zahl der eiszeitlichen Pferdedarstellungen gehört dem Typus des Przewalski-Pferdes an, einem kleinen und kräftigen Pferd mit sehr großem, langschnauzigen Kopf. Der zweite Wildpferdtypus wird Tarpan genannt. Hierbei handelte es sich um ein kleines Pferd von mausgrauer Farbe. Seine Mähne war kurz und stand wie bei allen Wildpferden aufrecht. Der Kopf war besser getragen und die Beine waren höher und feiner als beim Przewalski-Pferd. Ein bekannter Forscher nannte neben einem anderen Fund, den ***Pferdekopf von Lourdes*** den Kopf eines Tarpans! So gehört also unser kleines Pferdchen aus Lourdes zu den eleganteren und selteneren Wildpferdtypen der Eiszeit. Was für eine Freude!

Andere Tiere der Jagd waren das Rentier, der Steinbock, die Gemse und der Bison, dem später das Urrind folgte. Die späteiszeitlichen Menschen waren Jäger und Sammler und ernährten sich von gefischten, erjagten oder in Fallen erbeuteten Tieren und von gesammelten Früchten. Das Feuer erzeugten sie mit Feuersteinen oder durch Reiben, Bohren oder Quirlen auf Holz. Die Tiere, die in einer großen Vielzahl vorhanden waren, dienten den Menschen nicht nur als Nahrung, sondern die Haut und das Fell der Tiere wärmten auch seinen Körper. Die jeweilige Beute brachten sie in die Eingänge ihrer Höhlen, nicht in die Höhlen selbst; denn die Menschen lebten damals nicht in den Höhlen, wie es allgemein angenommen wird. Die Forscher fanden keine einzige Höhle, die in ihrem Innern Wohnspuren aufwies. Solche Spuren fanden sie nur in den Eingängen, unter den Felsdächern, aber niemals in den inneren Gängen einer Höhle.

Dort begrub man jedoch die Toten, denn der eiszeitliche Mensch bestattete seine Toten sehr sorgfältig. Sie wurden mit Beigaben versehen, damit sie im Jenseits zu essen hatten und auch Gegenstände und/oder Schmuck wurden ihnen mitgegeben: Der Mensch lebte ganz im Diesseits und die Welt war für ihn eine Einheit. Als Beispiel dafür kann uns der Fund des Toten in der Höhle von Espélugues in Lourdes dienen. Im Innern anderer Höhlen entstanden die bewundernswerten eiszeitlichen Malereien, deren Schwerpunkt in Südfrankreich lag.

Die Eiszeitforschung und Lourdes

Die wissenschaftliche Paläontologie, wie die Erforschung der Vorgeschichte genannt wird, ist noch sehr jung. Besonders das Thema des eiszeitlichen Menschen hatte es bis zur Mitte des 19. Jahrhunderts trotz entscheidender Funde und der dringenden Frage nach dem Alter des Menschengeschlechts schwer, von etablierten Forschern anerkannt zu werden. Denn allen Entdeckungen stand die wörtliche Auslegung der Bibel entgegen, nach der die Menschheit nicht älter als 5.000 Jahre sein konnte. Die neuen Entdeckungen waren zu revolutionär, und so gingen die Kämpfe um die Wahrheit lange Zeit unentschieden hin und her. Es dauerte ganze 165 Jahre, von 1700 bis 1865, bis sich das änderte. Und derjenige Forscher, der die Frage der Eiszeitforschung auf eine wirklich feste Basis gestellt hat, war *Edouard Lartet* (1801 bis 1871), einer der Forscher, die auch die Grotte von Espélugues in Lourdes erkundet haben. 1864 war es ihm gelungen, einen Elfenbeinknochen auszugraben, auf dem ein Mammut graviert war; von einem eiszeitlichen Menschen selbst gezeichnet. Dieser Fund veränderte die gesamte prähistorische Forschung, so dass man Edouard Lartet in Wirklichkeit den Begründer der

Eiszeitforschung innerhalb der Vorgeschichte nennen kann, wie Professor Dr. Herbert Kühn berichtet. Außerdem hatte er das Glück, in dem englischen Industriellen *Christy* einen Gönner zu finden, der nicht nur seine Untersuchungen finanzierte, sondern auch gemeinsam mit ihm an Ausgrabungen teilnahm. Auch den Namen Christy finden wir in der Liste der Erforscher der Höhle in Lourdes. Ein dritter Forscher, den Mathias Terrier aufgelistet hat, wird ebenfalls im Buch »Das Erwachen der Menschheit« aufgeführt. Es war *Henri Milne-Edwards* (1800 bis 1885), der Vorsitzende der geologischen Gesellschaft in London, der sich vehement für die Echtheit eines Fundes in Abbeville/Frankreich eingesetzt hatte, den die zuständige Pariser Kommission als unecht abgewiesen hatte. So waren also drei berühmte Eiszeitforscher nach Lourdes gepilgert, auf der Suche nach einer heiligen Entdeckung. Sie gehörten somit zu den ersten Pilgern auf einer heiligen Spur!

Im Zusammenhang mit der Kunst und Kultur der Eiszeit, zu der auch das kleine Pferdchen in Lourdes zählt, interessiert uns hier vor allem die Epoche des Magdalénien, der die Funde in Lourdes entstammen. Das Magdalénien, das Sigismund von Gleich dem Löwezeitalter (9.387 bis 7.227 vor Christus) zurechnet, fand man in ganz Frankreich, in Spanien und Südengland, aber nur in drei östlichen Ländern. Es hat seinen Namen nach dem Abri La Madeleine bei Tursac in der Dordogne, wo es wieder die Forscher Edouard Lartet und Christy waren, die 1863 zuerst Ausgrabungen durchgeführt haben.

Als die Eiszeitforscher entdeckten, dass die damals lebenden Menschen mit völliger Sicherheit ausgebildete Typen und Formen beherrschen konnten, waren das für sie Zeugnisse einer neuen Zivilisation. Hinzu kam, dass man anhand der Skelettfunde auch einen gänzlich neuen Menschentyp erkannte, dem man entsprechend dem ersten Fundort den Namen Crô-Magnon-Mensch gab.

Der Neandertaler war bereits mit dem Einbruch der letzten Eiszeit verschwunden und es war vor allem in der Erdschicht des Magdalénien, in der plötzlich dieser neue Menschentyp auftauchte, der aussah wie ein Mensch in heutigem Sinne, ein Homo sapiens. Die Forscher fanden unzählige Skelette oder Teile von Skeletten des Crô-Magnon-Menschen. So sollen alle menschlichen Knochenfunde aus dem Magdalénien in den sechziger und siebziger Jahren des 19. Jahrhunderts dem Typ Crô-Magnon angehört haben. Auch Lourdes wurde erwähnt: »Schädelbruchstücke sind gefunden worden in [...] ***Lourdes*** (Haute Pyrénées), [...], in *Grotte de Fées* (Gironde) [...]«.

Da die vielen Höhlenmalereien und Kleinkunstwerke, zu dem auch das Pferdchen in Lourdes zählt, vor allem Tiere darstellten, kamen die Forscher zu dem Ergebnis, dass alles Denken, Empfinden und religiöses Erleben dieser eiszeitlichen Menschen eng mit dem Tier verbunden war und sogar die Grundlage ihrer Existenz bildeten. Sie waren überwältigt von den Skelettfunden der Crô-Magnon-Menschen und von der Fülle und Vollkommenheit der eiszeitlichen Kunsterzeugnisse, die sie diesen Menschen zuschrieben. Da die Eiszeitforschung jedoch noch sehr jung war, ging es vor allem darum, Ausgrabungen durchzuführen und die Fülle der entdeckten Funde geschichtlich einzuordnen. Deshalb trat in dieser naturwissenschaftlichen Epoche die Frage nach der Herkunft des plötzlich auftauchenden Crô-Magnon-Menschen noch nicht auf. Hinzu kam, wie ich bereits angedeutet habe, dass erst nach der Jahrhundertwende eine Art Bewusstseinssprung innerhalb der Menschheit den Eiszeitforschern ermöglichte, auch geistig weiterführende Aspekte in ihre Auswertung mit einzubeziehen; Forschungsansätze, die dann durch den Zweiten Weltkrieg wieder in Vergessenheit gerieten. Aber die jetzige Zeit erfordert es, wieder geistige Aspekte mit der Naturwissenschaft zu verbinden, um Himmel und Erde zu einen.

Diese Vereinigung, die ich für meine Ausführungen gewählt habe, ist im übertragenen Sinne nicht nur eine Besonderheit von Lourdes, sondern wird vom heutigen Christentum insgesamt erwartet. Denn es geht nicht darum, der Erde zu entfliehen, sondern der Weg des Menschen zu Gott geht nur über die Erfahrungen auf der Erde. Das wird später im Zusammenhang mit der Unbefleckten Empfängnis noch deutlich werden. Doch zunächst werden die folgenden Ausführungen gerade durch die Verbindung irdischer und geistiger Aspekte auch auf den gesamtgeschichtlichen Zusammenhang in Lourdes ein helles Licht werfen.

Der alte Kontinent Atlantis und der Aufruhr der Naturelemente

Die Herkunft der eiszeitlichen Menschen, deren Skelette die Forscher ausgegraben haben, hängt eng mit der bereits erwähnten atlantischen Zeit zusammen und damit mit dem im Atlantik versunkenen Kontinent Atlantis. Die allgemein bekannten Quellen, die vor allem naturwissenschaftlich fundiertes Beweismaterial für Atlantis liefern, lassen sich in fünf Klassen einteilen:

1. Die Ergebnisse der Tiefseeforschung
2. Die Verteilung der Tier- und Pflanzenwelt auf der Erde
3. Die Ähnlichkeit gewisser Sprachen und Volksstämme
4. Die auffallende Übereinstimmung der Religionen, Sitten, Gebräuche und Baudenkmäler verschiedener Völker
5. Das Zeugnis
   a) von Schriftstellern des Altertums
   b) von Überlieferungen früherer Völkerfamilien
   c) von archaischen Sintflutlegenden

Von diesen Beweisen möchte ich einige Beispiele nennen. Als bester Gewährsmann für Atlantis gilt Platon. Im »Timaios« berichtet er über die Insel, während der »Kritias« einen ausführlichen Bericht über die Geschichte, die Künste, Sitten und Gebräuche der Bevölkerung in Atlantis gibt. So schrieb Platon bereits vor zweieinhalb tausend Jahren ausführlich über diesen Kontinent und stellte auch fest, dass das wahre Atlantis jenseits der ›Säulen des Herkules‹, der Landenge von Gibraltar, liegt; unter den Fluten des Ozeans, der Atlantik heißt. Der griechische Neuplatoniker Proklus (412 bis 485 nach Christus) überliefert uns, dass das Thema Atlantis unter den Philosophen der Platonischen Akademie an der berühmten Bibliothek und Universität von Alexandria im 3. Jahrhundert nach Christus offen diskutiert worden sei. Die Überlieferungen Platons wurden auch in der ehemaligen Sowjetunion mit größtem Interesse betrachtet, denn ein ägyptischer Papyrus, der sorgfältig im Museum von Leningrad aufbewahrt wird, bestätigt dessen Angaben. Die Russen waren davon überzeugt, dass Atlantis unter den Wassern des Atlantiks ruht. Ihre Meinung hatte durch die Entdeckung von Maria Klianova, Professorin der Mineralogie und Geologie, an Wert zugenommen, die an Bord des wissenschaftlichen Schiffes »Mikhail Lomonossov« im Atlantischen Ozean einen unbekannten Berg unter Wasser lokalisierte. Im 19. Jahrhundert wurde während der Kartographierung des Meeresgrundes des Atlantischen Ozeans ebenfalls ein ungeheurer Damm oder bedeutender Bergrücken mitten im Atlantik nachgewiesen. Weitere Untersuchungen ergaben, dass dieser Bergrücken von vulkanischen Resten bedeckt war, deren Spuren quer durch den Ozean bis zur amerikanischen Küste verfolgt werden konnten. Auch 1898, als man beim Bruch des Transatlantikkabels in der Nähe der Azoren nach der Ursache suchte, stellte man fest, daß der Meeresgrund in diesem Gebiet aus zerklüfteten Gebirgen, Berggipfeln und tiefen Tälern bestand und mehr einer Landschaft über Wasser als dem Boden eines Ozeans glich. Außer diesen geologischen Entdeckungen gibt es auch sprachliche Beweise, die auf Atlantis hindeuten; doch darauf werde ich in einem anderen Zusammenhang eingehen.

Auffallende Übereinstimmungen von Sitten, Gebräuchen und Baudenkmälern dies- und jenseits des Atlantiks lassen annehmen, dass Atlantis einst ein sehr großer Kontinent war, der von den Ufern Venezuelas bis nach Afrika, von der Spitze Grönlands bis nach Feuerland und von Neufundland bis an die Küste Frankreichs reichte. Über eine für uns unvorstellbar lange Zeit war er das

Zentrum der Welt, wo sich die von GOTT geschaffenen Menschen unter göttlicher Führung in langen Zeiträumen körperlich und geistig entwickeln und unterschiedliche Eigenschaften ausbilden konnten. Denn dass der heutige Mensch nicht der Tierwelt entstammt, können wir der Genesis entnehmen, wo es heißt, dass wir Menschen als Gottes Ebenbild geschaffen wurden (vgl. Genesis 1,26).

Passend dazu möchte ich Benedikt XVI. zitieren, wie ihn Kardinal Christoph Schönborn in seinem Artikel »Dringender Aufruf: Rettet die Vernunft« in der Zeitschrift VISION 2000 im Jahre 2005 wiedergibt: »In der Predigt bei seiner Amtseinführung vor wenigen Wochen hat Benedikt XVI. ausgerufen: ›Wir sind nicht das zufällige und sinnlose Produkt der Evolution. Jeder von uns ist Frucht eines Gedanken Gottes. Jeder ist gewollt, jeder ist geliebt, jeder ist gebraucht.‹« Und 2009 vertieft der damalige Papst diese Aussage in seiner Enzyklika »Caritas in veritate«, indem er schreibt: »Wenn die Natur und allen voran der Mensch als Frucht des Zufalls oder des Evolutionsdeterminismus angesehen werden, wird das Verantwortungsbewusstsein in den Gewissen schwächer.«

So entfalteten sich im Laufe der Zeit auf Atlantis gemäß ihrer Eigenschaften unterschiedliche Volksstämme, wobei sich das Bewusstsein der folgenden Stämme immer mehr verfeinerte. Die Völkerfamilien waren zwar nacheinander entstanden, aber sie existierten natürlicherweise auch nebeneinander und brachten jeweils ihre eigenen Zivilisationen hervor. Darunter gab es bestimmte Volksstämme – aber ebenso in allen Stämmen auch einzelne Menschen –, die sich so entwickelten, wie es dem göttlichen Plan für ihr Volk entsprach. Es existierten hoch entwickelte Völker, aber auch andere, die sich ihrer vorgesehenen Entwicklung widersetzten und die Lebenskräfte des Menschen und der Natur für ihre eigenen Vorteile missbrauchten. Aufgrund dieses

Missbrauchs, der in dieser uralten Zeit immer gewaltigere Ausmaße annahm, fanden vier große Katastrophen auf dem Kontinent statt und große Teile von Atlantis versanken im Laufe der langen Zeit im Meer. Der letzte Rest des Kontinents, von Platon »Poseidonis« genannt, ging mitsamt den dort noch lebenden Bewohnern im Jahre 9564 vor Christus in den Fluten des Atlantik unter. Doch alle Menschen, die nicht der Sünde verfallen waren, wurden gerettet und auf göttliche Weisung hin von geistig hochentwickelten und rechtschaffenen Männern in andere Gebiete der Erde geführt.

Von großen Wassern, in denen einst viele Menschen den Tod fanden, ist in alten Überlieferungen mehrerer Völker die Rede, bei den Indianern Amerikas, in Indien, in China und vor allem in unserer Bibel finden wir den Bericht über eine Sintflut (Genesis 7,10–12) und in Genesis 6,11–12 wird sogar der Grund für diese Katastrophe angegeben: »Die Erde aber war in Gottes Augen verdorben, sie war voller Gewalttat. Gott sah sich die Erde an: Sie war verdorben; denn alle Wesen aus Fleisch auf der Erde lebten verdorben.« Das ist leider nur eine sehr kurze Erklärung für den Grund der damaligen Katastrophe, doch sie reicht aus, um deren moralisch-geistige Ursachen zu erkennen und hilft uns auch heute, die dringenden Ermahnungen der Unbefleckten Jungfrau Maria, umzukehren, Buße zu tun und für die Sünder zu beten – eine wesentliche Botschaft von Lourdes – ernsthaft und jederzeit umzusetzen.

Eine nähere Begründung für den Zusammenhang zwischen menschlichem Denken und Verhalten und den Naturelementen fand der Autor Sigismund von Gleich in der alten chinesischen Überlieferung. Er schreibt, dass der Glaube der Chinesen auf der Überzeugung beruht, »daß des Menschen Seelenkräfte so innig mit den Natur-Elementen zusammenhängen, daß sie bedeutenden Einfluß auf deren Mischungsverhältnisse und damit auf die Klima- und Wettergestaltungen ausüben. Wenn die Menschheit aus dem sittlichen Gleichgewicht fällt, dann stört sie damit zugleich [...] die harmonisch-gesetzmäßige Gleichgewichtslage aller himmlischen und irdischen Kräfte und ihrer elementarischen Vertreter; sie zerrüttet die Elemente und erregt elementare Naturkatastrophen.«

Das heißt, die Sünden der damaligen Menschen, wie sie auch in Genesis 6,11–12 benannt sind, haben die Sintfluten hervorgerufen. Auch wenn eine solche Reaktion der Naturelemente auf das sündhafte Verhalten der Menschen zunächst fremd erscheinen mag, so ist es doch eine durch und durch christliche Sichtweise, denn schon Hildegard von Bingen wurde gezeigt, dass die Naturelemente chaotisch werden, wenn der Mensch aus der göttlichen Ordnung herausfällt. Sie nannte es in ihrem Buch »Scivias«: »Die vier Elemente in Aufruhr«. Diese enge Verknüpfung zwischen den psychischen Kräften des Menschen und den Kräften der Natur kommt sowohl im überlieferten christlichen Brauchtum als auch im alten Volksglauben noch heute vielfältig zum Ausdruck. Dass die ganze Natur beseelt ist – wie es dem volkstümlichen christlichen Glauben entspricht – und jeder Halm, jede Blume und jeder Baum empfindlich auf die Gefühle und Handlungen der Menschen reagiert, wissen auch manche alten Baumfäller noch. So erklärte vor nicht allzu langer Zeit ein alter Mann in Österreich, dass das Baumsterben daher käme, dass die Menschen sich nicht mehr bei den Bäumen entschuldigen, bevor sie sie umsägen. Ebenso ist im volkstümlichen Christentum bekannt, dass das Verhalten der Menschen Auswirkungen auf die Naturelemente hat und der Mensch aus einem tiefen Glauben heraus mit innig gehaltenen Bitten und Gebeten an Gott auf die Naturelemente und damit auf das Wetter einwirken kann. Denn Gebete beruhigen die Naturelemente. Auf diese Weise findet auch eine Art persönlicher Dialog mit den Mächten der Natur, die im Dienste Gottes stehen, bei Wetterwallfahrten statt, wo um Schutz vor Unwettern und um eine gute Ernte gebetet wird. Dieses alte überlieferte Wissen, dass zwischen den Menschen und den Naturereignissen eine enge Wechselbeziehung besteht, ist vor allem in ländlichen und abgelegenen Gebirgsregionen noch sehr lebendig. So sagte einmal eine Großmutter, als dunkle Gewitterwolken in den Voralpen aufzogen, zu ihrem kleinen Enkelkind, das gerade Unsinn gemacht hatte: »Siehst du, weil du nicht brav gewesen bist, schimpft der Himmelsvater.«

Tatsächlich kann uns also sowohl unser überliefertes christliches Brauchtum als auch die Ursache der Sintflut daran erinnern, dass jeder Mensch mit seinem Denken, Fühlen und Handeln zu dem, was auf der Erde geschieht, beiträgt und so das Weltgeschehen mitgestaltet. Dieses Wissen sollte uns ermahnen, denn besonders wir Christen sind aufgrund unserer engen Beziehung zu Christus jederzeit mitverantwortlich für das, was auf der Erde geschieht. Deshalb ist es höchste Zeit, auch die inständige Bitte der Jungfrau Maria, mit Liebe und Zuversicht den Rosenkranz vor allem für die Welt und die Natur zu beten, zu erfüllen! Denn das Beten des Rosenkranzes ist ein Ritual, das nicht nur im christlichen Bereich seine Wirkung zeigt, sondern auch Kriege aufhalten kann und Einfluss auf die Natur hat, indem Katastrophen abgeschwächt oder sogar verhindert werden. Denn: »Groß ist die Macht eines Heeres, das nicht das Schwert, sondern den Rosenkranz in den Händen hält«, wie es Papst Pius XI. ausdrückte.

Für die Verantwortlichen der Religionen bedeutet dieses Wissen, wieder deutlich zu erkennen, wie wichtig Rituale und Zeremonien für die Beruhigung der Naturelemente sind und sich darum zu kümmern, diese vermehrt zu zelebrieren. Sie müssen aber aus einem tiefen Glauben und in großer Ernsthaftigkeit durchgeführt werden, denn die Natur will ernst genommen werden.

Die Wichtigkeit von Zeremonien betonte auch der Hüter einer alten Tradition in Australien: »Zeremonien sind wichtig, denn sie halten das Land am Leben. Wir hätten nicht so viele Dürrezeiten, nicht so viele Stürme, würden wir mehr Zeremonien abhalten.« Denn selbst die australischen Aborigines zelebrieren ihre alten Rituale immer seltener.

Nach der Sintflut

Im Gegensatz zu heute, wo die Menschheit aufgrund ihrer Erlösung durch Christus vermehrt zu eigener Verantwortlichkeit aufgerufen ist, gab es zur Zeit der großen Flut von Atlantis, als die Menschheit zum großen Teil noch in den Kinderschuhen steckte, wie bereits erwähnt von Gott ausgewählte Führer, die bestimmte Menschengruppen von Atlantis aus zu anderen Teilen der Erde geführt haben. So wird uns in unserer Bibel von einem untadeligen Mann namens Noah berichtet (Genesis 6,8–9), den Gott unter genauen Anweisungen aufgefordert hat, sich mit seiner Familie und seinen Tieren in einer Arche vor der großen Flut zu retten. Wie wir wissen, landete Noah auf dem Berg Ararat im Kaukasus. Doch erstaunlicherweise findet man auch im heutigen Baskenland einen Gipfel mit dem ähnlich klingenden Namen Aralar. Diese Tatsache untermauerte die im Volk verbreitete These, dass sie die direkten Nachfahren eines Enkels von Noah mit Namen Tubal seien. Tubals Vater war Jafet, einer der drei Söhne Noahs (Genesis 6,10.10,2). Carlos Collado Seidel schreibt dazu: »Wenngleich solche biblischen Erklärungsansätze innerhalb einer säkularen Weltvorstellung keine Bedeutung mehr haben, wird im Baskenland gemeinhin die Überzeugung vertreten, dass die Basken ein Volksstamm seien, der seit der Steinzeit unverändert den gleichen Lebensraum besiedele. [...]

Die Ergebnisse etymologischer Untersuchungen legten darüber hinaus einen steinzeitlichen Ursprung der baskischen Sprache nahe.« Damit ist das heutige Volk der reinen Basken über 12.000 Jahre alt ist; viel älter als alle anderen Volksstämme. Doch nur im heutigen Baskenland konnte es sich rein erhalten; mit seinen alten Traditionen und seiner außergewöhnlichen Sprache. Ansonsten hatten sich die Urbasken in viele Untergruppen verzweigt, zu denen unter anderem auch die Pelasger gehörten.

Das baskische Selbstbewusstsein fügt sich nahtlos ein in die wissenschaftlichen Erkenntnisse der Ur- und Geschichtsforschung, die eindeutig bewiesen haben, dass es der atlantische Volksstamm der »Urbasken« war, der von Westen kommend, im heutigen Baskenland und im Kaukasus an Land ging. Denn es wurden zwei Zentren dieses Volkes entdeckt; einen wohl älteren im Westen, in den spanisch-französischen Ländern der uralten Basken – der für die Geschichte von Lourdes bedeutsam ist – und einen jüngeren in den Ländern des Kaukasus. Die Sprache der kaukasischen Georgier soll noch heute derjenigen der Basken sehr ähnlich sein.

Diese Bevölkerungsgruppe, die sich an den Küsten des Atlantiks und des Mittelmeers ausgebreitet hatte, wurde von Joseph Karst, dem Sprach- und Urgeschichtsforscher, nach ihren Nachkommen als »Urbasken« bezeichnet. Zu diesem Schluss kam er durch die Entdeckung, dass die heutigen Basken ihrer Veranlagung nach ebenso maritime Stämme sind, wie es die atlantisch-mediterraneische Urbevölkerung den alten Quellen zufolge auch gewesen war, die im Zeitalter der Jungfrau (11.547 bis 9.387) eine herausragende Rolle in der damaligen Welt gespielt hat. Aber das baskische Volk war und ist nicht nur ein Seevolk, sondern auch ein Gebirgsvolk, wie es die weitere Geschichte der Basken zeigen wird.

Doch bevor die große welthistorische Epoche der Basken stattfinden konnte, musste für die Entwicklung der gesamten Menschheit von göttlicher Seite noch etwas anderes geschehen. Das könnten wir uns so vorstellen, dass der Geist Gottes mit Seinem Licht in das Innere seiner menschlichen Geschöpfe hineinwirkte und damit den Keim des Denkens legte, der sich zunächst an der Betrachtung der sonnenbeschienenen Sinnenwelt entfaltete, bis im Jungfrauzeitalter der Mensch fähig geworden war, das Wahrnehmen des Sinnlichen und das geistig Denkbare als eine einheitliche Wirklichkeit zu begreifen. Die naturwissenschaftliche Forschung hat diesen Zeitraum deshalb auch als den Durchbruch des Denkens bezeichnet

Erst im Jungfrauzeitalter, in dem die Basken ihre große welthistorische Epoche hatten, konnte der Mensch die großartigen Erscheinungen der Außenwelt in der Weise schauen und umsetzen, wie wir sie heute in den Höhlenmalereien und Skulpturen bestaunen dürfen. So ist das erste große Ereignis nach der Sintflut diese bewunderungswürdige erste Kunstentfaltung, deren älteste und ergiebigste Funde die südfranzösischen sind. Und dazu gehört auch das kleine eiszeitliche Pferdchen in Lourdes.

Die Zeit der urbaskischen Bevölkerung

Zum Zeitpunkt des Zeitalters der Jungfrau hatte sich im Volk der Urbasken der Keim des Denkens in einer bestimmten Art bereits sehr weit entwickelt, so dass es über eine praktische Klugheit, einen beweglichen Unternehmenssinn und über Erfindungsgabe und Neuerungsdrang verfügte. Da der Handel der sich entwickelnden Denk- und Urteilskraft die notwendige Nahrung gab, hat sich diese Bevölkerung von allem Anfang an kolonisierend und handeltreibend weithin ostwärts ausgebreitet. Dazu gehörte auch die Erfindung der Seeschifffahrt. Da die Befahrung der Meere aber nur dann möglich war, wenn der Mensch sich an den physischen Sternen orientieren konnte, nimmt man in der Forschung an, dass die Urbasken auch die ersten Menschen waren, die eine gewisse Sternkunde und Kalenderwissenschaft ausgebildet haben. Die Sichtung des Sternenhimmels war jedoch – ebenso wie die Wahrnehmung der menschlichen Umwelt – erst im Jungfrauzeitalter möglich, eine Tatsache, die Sigismund von Gleich bezeichnend findet. Denn nach seinen Recherchen liegt im Sternbild der himmlischen Jungfrau der geistige Ursprung aller kosmisch-astralischen Inspiration und Sternenweisheit der Menschheit: »Der Urimagination erschien die Tierkreisregion zwischen dem Löwen- und Waagesternbild im Bilde einer himmlisch-irdischen Frau, die zwar als weisheitsvolle Weltenmutter mit der ganzen Sternenwelt verbunden ist, aber zugleich als Natur-Mutter die Ähre der Erde trägt.« Denn in dem hellen Stern in der ausladenden Gestalt des Bildes scheint sich, wie es der Mathematiker und Astronom Wolfgang Held erklärt, die gesamte Sternenformation zu konzentrieren; so dass man auch als heutiger Mensch die Urvorstellung, den Stern als die Ähre der Erde aufzufassen, verstehen kann. Mit anderen Worten trägt die himmlische Jungfrau, die als heilig galt, auch den »Samen der

Erde« in ihren Händen. Das war eine Himmel und Erde verbindende Lebens- und Kultauffassung, die verschiedene nachfolgende Völker bewahrt haben.

Auch Wolfgang Held erkannte im mythologischen Bild der Jungfrau ihre enge Beziehung zum Kosmos und die Hingabe an ihn. Damit bestätigt er den Teil der uralten Vorstellung der Menschheit, in der die Jungfrau in ihrem Sternbild als weisheitsvolle Weltenmutter gesehen wurde. Finden wir nicht eine ähnliche Entsprechung in der Heiligen Sophia, die uns in den Weisheitsbüchern des Alten Testaments entgegentritt? Einen Bezug der Jungfrau zum »Samen der Erde« kann man hingegen in der alten jüdischen Weisheitslehre finden, in der es heißt, dass das Bild der Jungfrau die Empfängnis aus einer höheren, himmlischen Dimension auf die kausalen Bedingungen der Erde repräsentiert. Das entspricht der Tatsache, dass im Zeitalter der Jungfrau zum ersten Mal mit den großartigen Kunsterzeugnissen vor allem in Südfrankreich etwas gänzlich Neues in die Welt kam, das nicht von dieser Erde stammte; sondern von himmlischer Inspiration.

Und Jahrtausende später, mitten im jetzigen Zeitalter der Fische – das auf einer Achse mit dem der Jungfrau liegt, aber polar entgegengesetzte Impulse bringt – geschah in einem kleinen Ort, der eine späteiszeitliche baskische Vergangenheit hat, wiederum ein himmlischer Einbruch in die kausalen Bedingungen der Erde: Die reine, menschliche und zugleich himmlische Jungfrau Maria offenbarte sich in »Ihrer großen welthistorischen Epoche« des Marianischen Zeitalters als die Unbefleckte Empfängnis! Zufall? Oder ein wundervoller göttlicher Plan?

Unsere jetzige Zeit

Zum besseren Verständnis der Aufgaben, die der Mensch in den einzelnen Zeitaltern zu bewältigen hat, bleibe ich noch ein wenig beim Zeitalter der Jungfrau und setzte es in Beziehung zu unserem jetzigen Zeitalter der Fische.

Beginnen möchte ich mit einer wunderschönen Seelenbeschreibung der Urbasken von Sigismund von Gleich: »Der Farbenglanz des Lichtäthers verklärt die Mittelmeerländer, und die europäische Menschheit lebt vorzüglich in der Licht-Tätigkeit des Denkens, in der Lichtatmung der Imagination, sowie in dem Geistigen, das zugrunde liegt dem liebevoll beseelten Auffassen der Sinnesphänomene. Dadurch nährt sie sich – ohne es aber zunächst bewußt zu erfahren – in Wahrheit vom Baume des Lebens; sie speist, indem sie seelenvoll die Sinnesqualitäten der Natur-Phänomene empfängt, auf Erden den Lebensäther des in allen Sinnesoffenbarungen erscheinenden Sonnenwesens.« So war das urbaskische Volk ein kosmisch-seelisch ausgerichtetes Volk, rein und unvermischt; abgesehen davon, dass es während der Eiszeit mit anderen Völkern in Berührung kam, die weniger kosmisch-seelisch als irdisch ausgerichtet waren.

Im Zeitalter der Jungfrau war es die Aufgabe des kosmisch-seelisch ausgerichteten Volkes der Urbasken, eine wichtige Rolle in der Weltgeschichte zu spielen. Ebenso stellt das jetzige Zeitalter der Fische besondere Anforderungen an die Menschen, besonders an die Christen. Doch während wir im Zeitalter der Fische leben, sind wir gleichzeitig auch wieder den Strahlungen des anders wirkenden, entgegengesetzten Sternbildes der Jungfrau ausgesetzt, denn beide Zeichen wirken zusammen. Das erkennt man auch daran, dass die gute Konstellation Fische und Jungfrau die beiden Symbole sind, von denen die christliche Religion bestimmt ist. Und da die Zeichen Jungfrau und Fische durch ihre Achse gemeinsam verbunden sind und wir sie auch sehr häufig in den Evangelien finden, könnte man sie auch als Achse Christi bezeichnen.

Wolfgang Held schreibt zum christlichen Symbol der Fische: »Im Christentum spielt dieses letzte Tierkreiszeichen eine wesentlich Rolle. So verteilt Christus Brot und Fisch als ›nie ausgehende Speise des Vaters‹ (Markus 6,35). Vier der Apostel waren Fischer, und ›Menschenfischer‹ (Matthäus 4,19) nannte Christus sie selbst. Auch wird das Himmelreich im Matthäus-Evangelium mit einem Fischernetz verglichen, das, ins Meer geworfen, die Seelen fängt (Matthäus 3,47). Hier werden die Nachfolgenden, die Gläubigen, zum Fisch. So wurde im Urchristentum der Fisch zum Erkennungszeichen. Dabei mag eine Rolle gespielt haben, dass ›ichthýs‹, das griechische Wort für Fisch, die Anfangsbuchstaben des Credos ›Jesus Christus Gottes Sohn Erlöser‹ wiedergibt (Iescous christos theou hyios soter).«

Wie ich bereits erwähnt habe, wirken unter dem Einfluss jedes Zeitalters bestimmte göttlich-schöpferische Kräfte auf die Erde ein, die der Menschheit die Impulse für ihren nächsten geistigen Entwicklungsschritt auf dem Weg zu Gott geben sollen. Denn nicht nur für unseren eigenen Weg gibt es einen göttlichen Plan, sondern auch für die Entwicklung der gesamten Menschheit. Und wie wir dem göttlichen Plan folgen sollten, der für uns selbst bestimmt ist, so sollten wir auch dem göttlichen Plan folgen, der für die gesamte Menschheit gilt. Es geht also um die Bitte an Gott, stets Seinen Heiligen Willen für uns zu erkennen und zu leben, worum wir auch täglich im Vaterunser beten. Damit zeigen wir, dass wir bereit sind, unseren eigenen Willen mit dem göttlichen Willen in Einklang zu bringen. Und diesen, dem Zeitalter entsprechenden göttlichen Willen, nennt man den »Zeitgeist«! Denn der wahre Zeitgeist ist ebenso wenig von dieser

Welt wie es Christus ist; auch wenn es auf der Erde anders verstanden wird. Und der wahre göttliche Zeitgeist, der in unserer heutigen Zeit maßgebend ist, fordert von uns, den unfruchtbaren Materialismus zu überwinden und sich zum geistigen Erkennen aller Dinge emporzuheben, das heißt, den göttlichen Geist in allem Erschaffenen zu sehen. Diese Betrachtung kann allerdings nur aus der Frömmigkeit unseres Herzens kommen, aus der Liebe Gottes, von der ich mich ergreifen lasse, um Seinen lebendigen Geist in der gesamten Natur und im Himmel über uns in Seinen vielfältigsten Formen staunend und ehrfurchtsvoll wahrzunehmen. Denn Alles, was GOTT geschaffen hat, lebt und sehnt sich nach Liebe! Und die Liebe in unseren Herzen kann nur fließen, wenn wir sie weitergeben! Denn allein dann wird sie uns von göttlicher Seite neu geschenkt.

Die Impulse der Zeitalter der Jungfrau und der Fische kann man grundsätzlich als zwei gewaltige Umschwungzeiten ansehen. Das Jungfrauzeitalter war die Zeit der Wahrnehmung der äußeren Sinneswelt im Allgemeinen und der engen Beziehung und Hingabe an die Sternenwelt im Besonderen. Demgegenüber ist unser jetziges Zeitalter der Fische, besonders seit dem Beginn des 20. Jahrhunderts, die Zeit, in der der Mensch lernen muss, die verborgene Seite seines Ichs – das tiefer als sein persönliches, äußerliches Ich liegt – zu entwickeln. Denn, wie gesagt, geht es darum, nicht nur die äußere Sinneswelt wahrzunehmen, sondern unsere tiefe Verbundenheit mit der Natur, die mit dem dahinterliegenden göttlichen Wirken zusammenhängt; sowohl in der Schöpfung als auch in den Menschen, die alle den Geist Christi in ihren Herzen haben, auch wenn sie es nicht wissen.

Wenn wir das Tierkreiszeichen der Fische mit den Augen des Astronomen Wolfgang Held betrachten, wird uns die Aufgabe dieser jetzigen Zeit sehr anschaulich werden: »Die Fische sind ein Bild, das nichts will, aber umso mehr den umgebenden Willen erfassen kann. Tatsächlich sind die Fische das einzige Tierkreisbild, das man nicht an seiner eigenen Form, sondern durch dessen Umkreis findet. [...] Dieses Kennzeichen des Sternbildes, wahrnehmend mit der Umgebung in eine Beziehung zu treten, findet sich beim natürlichen Fisch ebenso: Als Lebewesen des Wassers ist er viel inniger mit seiner Umgebung verbunden als alle Landbewohner. [...] durchstreift ständig sein wässriges Milieu und befindet sich dadurch in einem fortwährenden neuen Erfassen und Erobern seiner Umgebung. [...] Ihr Dasein dokumentiert eine nicht versiegende Zuwendung zur Welt [...].«

Diese Zuwendung zu unserer gesamten Mitwelt – den Menschen, Tieren und der ganzen Natur – zeigt sich unter anderem in der Nächstenliebe, die auch, wie Christus selbst es in unvorstellbarem Ausmaße war, zu Opfern bereit ist. Doch sie geschieht, wie gesagt, nur aus der Frömmigkeit, aus dem Innern unseres Herzens heraus, aus unserem verborgenen Ich in der Mitte unserer Brust. Denn dieses verborgene Ich ist der eigentliche Wesenskern jedes Menschen, es ist der Ort, wo Christus in uns lebt, es ist die Tiefe unseres Herzens. So ist der göttliche Auftrag an uns Kinder Gottes im jetzigen Zeitalter der Fische, unser Ich ganz dem Höheren, der göttlichen Liebe gegenüber zu öffnen und die Impulse Christi aufzunehmen, damit unsere irdische Persönlichkeit verwandelt wird und sich unser eigentliches individuelles Christus-Ich, in dem auch unser Gewissen lebt, entfalten kann und wir, wie der heilige Paulus, sagen können: »Nicht mehr ich lebe, sondern Christus lebt in mir.« (Galater 2,20). Es ist die Liebe Gottes, die durch den Heiligen Geist Christi in unsere Herzen ausgegossen ist (vgl. Römer 5,5), der uns dazu führt, Ihn immer tiefer zu erfahren, um mit Ihm eins zu werden, wenn wir es wollen. Nur von Christus geht die Durchchristung der Menschheit, der Erde und des Universums aus und dazu ist unser menschliches Ich da – um Christus in sich aufzunehmen! Und deshalb darf es niemals vernichtet werden! Es ist einzig das Christentum, das die Menschheit und die Schöpfung wieder hinaufführen kann zu Gott und es auch muss! Das weist auf die große Bedeutung der wahren christlichen Religion in der heutigen Zeit hin.

Dazu gehört vor allem das Bewusstsein, dass wir Christus in zweierlei Weise verehren. Als Den, der uns die menschliche Freiheit gebracht hat (vgl. Galater 5,1) und der als Auferstandener in Seinem Geistleib weiterhin in unserer Welt gegenwärtig ist, wie es viele Menschen bestätigen können, denen Er erschienen ist, während er zugleich zur Rechten Gottes sitzt.

Und außerdem als Den, der mit Seiner übergroßen Liebe in unserem Herzen als Innerstes unserer Seele gegenwärtig ist und auf Den wir einzig hören sollten, denn Seine Wahrheit finden wir nur hier, wenn wir gelernt haben, unserer inneren Stimme, die niemals manipuliert werden kann, zu vertrauen.

Dabei hilft uns das regelmäßige Lesen in der Bibel, die katholische Lehre und vor allem eine feierliche, erhabene Liturgie mit Momenten der Stille nach der Predigt und nach der Kommunion, wie es bei den Papstmessen eindrucksvoll mitzuerleben ist. Die Sakramente innerhalb der Kirche führen besonders stark zu einer vertieften Wahrnehmung der Gegenwart Christi in uns, sie sind wie das Anfachen eines inneren Feuers. Deshalb ist die Stille nach der Kommunion auch so wesentlich. Doch wir sollten eines der wichtigsten Elemente zum Wachsen des geliebten Christus in uns nicht vergessen: Die Anbetung des Allerheiligsten, der Weg einer direkten Kommunikation, wie es der heilige Pfarrer von Ars ausdrückte: »Ich schaue Ihn an und Er schaut mich an. Das genügt.«

All diese letztgenannten Mittel dienen dazu, das große göttliche Gebot: »Du sollst den Herrn, Deinen Gott lieben von ganzem Herzen, ganzer Seele und Deinen Nächsten wie dich selbst«, tief in unser Herz aufzunehmen, um die nötigen Schritte zu tun, um zu GOTT, unserem himmlischen Vater, zu dem wir täglich im Vaterunser beten, zurückzukehren, geläutert durch die Erfahrungen auf der Erde, den Prüfungen, die uns unser himmlischer Vater auferlegt hat. Da wir unsere Liebe zu unserem himmlischen Vater in dem Wissen »Ich bin ein geliebtes Kind Gottes« nur dadurch erwidern, dass wir mit großem Eifer Seine Gebote befolgen, weist uns Maria, die Unbefleckte Empfängnis, in Lourdes immer wieder auf die Dringlichkeit des Gebetes für die Sünder, und auf Umkehr und Buße hin, denn der Weg der Bekehrung, die Rückkehr zur göttlichen Liebe, Moral, zum Leben der christlichen Tugenden ist der einzige Weg, der zum göttlichen Frieden führt.

Streben wir also zur Selbsterfahrung als geliebtes Gotteskind (vgl. Matthäus 18,3), dem Höchsten der menschlichen Existenz, worum es auch dem Apostel Paulus in seiner Lehre ging, wie es Pater Henri Boulard SJ betont.

Im Christentum geht es um einen sehr kostbaren Schatz, den wir, wie bei einer irdischen Schatzsuche, nicht ohne eigene Anstrengung finden können. Es ist der schmale Pfad, nicht die breite Pforte, wie Christus selber sagt: »Viele sind gerufen, doch nur wenige sind auserwählt« (Matthäus 22,14). Deshalb darf man das Christentum nicht verweichlichen und muss die Gefahren im geistigen Ringen erkennen und benennen.

Die Besiedlung Südfrankreichs

Kommen wir nun zurück zu den eiszeitlichen Funden und damit zu den Menschen, die uns die Malereien und die überaus feinen Kleinkunstwerke hinterlassen haben. Die Eiszeitforschung im 19. Jahrhundert war sich sicher, dass es die Crô-Magnon-Menschen waren, denen wir die erstaunlichen Kunstwerke zu verdanken haben. Doch nach Ansicht Sigismunds von Gleich lässt sich nicht eindeutig beantworten, zu welchem Volk diese Künstler gehört haben, da es drei verschiedene Volksstämme waren, die sich in diesem Gebiet der Erde gegenseitig geistig befruchtet haben. Er gibt den Stand der naturwissenschaftlichen Forschung folgendermaßen wieder: »Überblickt man das, was von der mittelsteinzeitlichen Eiszeitweltgeschichte heute schon bekannt ist – und das ist eigentlich schon recht viel – so ergibt sich das eindrucksvolle Bild einer zonenartigen Schichtung verschiedener Völker [...] rund um den Erdball. In drei Hauptzonen, die südnördlich übereinander liegen, verbreiteten sich in den letzten Eiszeitjahrtausenden weithin nach Westen und Osten schweifend die Völkergruppen, deren Impulse zuletzt vor allem im südlichen Frankreich zusammentrafen und dort die bedeutsamsten Kulturdenkmäler hinterlassen haben.«

So lebte die urbaskische Bevölkerung nicht allein im westlichen Südeuropa, sondern war während der Eis- und Steinzeitepochen gewaltigen Anstürmen von zwei anderen Völkern ausgesetzt, die viele Spuren hinterlassen haben. Wer diese Völker waren, die in den breiten Zonen nördlich und südlich der mittleren Zone des urbaskischen Volkes gelebt haben, ist innerhalb der Forschung bekannt, und auch die Kunst der Griechen bewahrt aus den Urzeiten der Pelasger – eines Zweiges der Urbasken – deutliche Erinnerungen an diese zwei Völkertypen.

Der erste, ein älterer Volksstamm, der am Ende der Eiszeit aus Südasien nach Westeuropa vorgedrungen war und sich südlich der Zone der Urbasken niedergelassen hatte, war eine Bevölkerung, die die Uräthiopier genannt wurden. Zu diesem Volksstamm sagt Sigismund von Gleich: »Diesen Zweig der Menschheit lernte die Forschung als den ältesten Träger und Weltverbreiter des primitiven *Pflanzentums* kennen. [...] den allereinfachsten, von der Frau ausgeübten Hackbau. Die Mutter *Erde* und den in ihren Lebensrythmen so intensiv wirksamen *Mond* verehrten diese Menschen, und die *Frau*; die Mutter führte bei ihnen die Herrschaft. Sie waren wohl die ersten, die aus dem Erden-Ton lernten Töpfe zu formen und im Feuer zu brennen. [...] Die weiteste Weltausbreitung hatte dieser Volksstamm am Ende der Eiszeit. Damals brachten die äthiopischen Völker ihr Pflanzertum, ihre Frauen- und Erdenverehrung und ihre Faustkeile auch westwärts in das europäische Gebiet und gelangten damit in den Wohnraum des urbaskischen Volkes. Auf diese Weise haben sie in mancher Hinsicht kulturbefruchtend auf Alteuropa eingewirkt.«

Seine große matriarchale Zeit hatte dieser Volksstamm allerdings erst im Krebszeitalter (7.227 bis 5.067): »Während des Krebszeitalters wirkten besonders stark die Mondenkräfte. Es handelt sich um Materie bildende Kräfte. Die Materie ist das erdenmütterliche Prinzip. Die Mutter (latein. Mater) ahmt, wie Plato sagt, die allgebärende Erde nach. Sie repräsentiert das erdenmütterliche Prinzip. Das Mutterrecht war im Krebszeitalter die herrschende Gesellschaftsform. Es war ein Ausfluß der Verehrung der Mondenerdenmutter bei den Indoäthiopiern.«

Doch so befruchtend die uräthiopische Bevölkerung auch kulturell gewirkt hat, so verlief das Zusammentreffen mit dem urbaskischen Volk nicht immer friedlich. Über Jahrhunderte gab es einen langen Kampf, den die Urbasken schließlich gewannen. Die Uräthiopier wurden nach Süden hin abgedrängt.

Doch ihr matriarchales Erbe hat sich weiterhin erhalten, Spuren davon finden wir auch noch im 19. Jahrhundert in Lourdes. Zunächst hatte sich das uräthiopische Erbe vieleicht in gewisser Hinsicht mit der baskischen Verehrung der himmlischen Jungfrau als Welten- und Naturmutter verbunden. Aber im Laufe der Zeit ging mit dem Einfluss des matriarchalen Kults auch im Volk der Basken der himmlische Aspekt der Jungfrau als weisheitsvolle Weltenmutter und Naturmutter, die die Ähre – den Samen – der Erde trägt, immer mehr verloren. Nur der Erdenmutteranteil blieb und verwandelte sich in eine irdische Ahnfrau der Menschen, die wiederum im weiteren Verlauf der Zeit zu einer Göttin wurde; einer Erd- und Muttergöttin, deren Körper die Landschaft darstellte.

Zu der südlichen uräthiopischen Volksgruppe bildete der Volksstamm der Urmongolen, der gegen Ende der Eiszeit nördlich der baskischen Bevölkerung gelebt hatte, einen starken Kontrast; vor allem in seiner religiösen Ausrichtung, wie es Sigismund von Gleich erklärt:

> »Die südlich wohnenden Äthiopen erlebten und verehrten aus ihrer Natur und entsprechend ihrer üppigen Vegetationsumgebung vorzüglich die Kräfte der Erde. Die mit dem Tier lebenden Urmongolen, die als Nomaden über die Erde schweiften, bildeten im hohen Norden die Verehrung des Himmels aus, dessen Sternenherrlichkeit in den langen Nachtzeiten des Nordens das Gemüt aufs tiefste beeindruckt. Das Himmlisch-Astrale beteten sie an als den Weltenvater, wie die Äthiopen das pflanzentragende Irdisch-Ätherische als die Erdenmutter. Dem Matriarchat der Südatlantier entspricht im Norden das Patriachat. Die Clanoberhäupter waren die ersten

> anerkannten Herrscher und Hordenführer. Die patriachalisch-theokratische Monarchie ist zumeist beheimatet bei den Mongolen. Mit ihr ist verbunden eine pietätvolle Verehrung der Vorväter und des Ahnenkultus.«

Doch auch in anderer Hinsicht bildete die nördliche Völkerzone den Gegenpol zur südlichen. Während im Jungfrauzeitalter das urbaskische Volk seine große Ausbreitungszeit hatte und die größte Ausbreitung des uräthiopischen Volkes erst im Krebszeitalter erfolgen sollte, hatte im dazwischenliegenden Löwezeitalter (9.387 bis 7.227 vor Christus) der letzte atlantische Volksstamm, die Urmongolen, seine große welthistorische Epoche. Dieses gewaltige Volk, dessen Kultur aufgrund der vielen Funde bearbeiteter Knochen die »Knochenkultur« genannt wurde, war ursprünglich im mittleren Sibirien zuhause, doch einzelne Gruppen gelangten bis nach Mittel- und Westeuropa. Dadurch erlangte das urmongolische Volk für das Ende der Eiszeitgeschichte eine sehr große Bedeutung, vermittelte es doch von Ostasien bis Finnland und Südfrankreich dem ganzen nördlichen Erdkreis erstmals bedeutende Kultur- und Kunstimpulse. Dazu gehörte auch ein musikalischer Anteil, den sie bei ihrer Wanderung nach Westen von einem anderen Volk, das hoch oben im Norden lebte, vermittelt bekommen haben. Die vielen alten Flöten, die gefunden wurden, legen Zeugnis davon ab. Es war die Zeit des Magdalénien, die zusammen mit dem vorausgegangenen Aurignacien des Jungfrauzeitalters die erste Kulturblütezeit der Menschheit nach dem Untergang von Atlantis war. In dieser bildete sich das eisfreie Südfrankreich zum eigentlichen »Kulturzentrum« aus.

Die beeindruckende Kunst der Eiszeit

Der Volksstamm der Urmongolen, der in diesem Zeitalter des Löwen – also eines Tieres – seine große welthistorische Epoche hatte, war dementsprechend auch ein Volk, das eine enge Beziehung zu den Tieren hatte und mit ihnen lebte. Des Weiteren waren sie Meister der magischen Tierjagd. Das zeigen viele der künstlerisch hochwertigen Bilder aus der Zeit des Magdalénien in den spanisch-französischen Kulthöhlen, die im einhelligen Urteil aller damaligen Forscher als Jagdmagie gedeutet werden müssen. Auf vielen Bildern der Höhlenmalerei waren neben den Tieren, die hauptsächlich dargestellt worden waren, auch die Magier selbst abgebildet. Die wichtigsten dieser Darstellungen stammten aus den Höhlen, aber auch in ausgegrabenen Schichten fand man Bilder von Magiern, darunter eines in ***Lourdes.*** Um diese Tatsache besser verstehen zu können, gebe ich die damaligen Forschungsergebnisse so ausführlich wieder, wie es notwendig ist.

Das Wort Magie, das ich entsprechend des französischen Ausdrucks »magie«, den die damaligen französischen Forscher verwendeten, benutze, ist grundsätzlich ein neutraler Begriff und wird erst durch die dahinterstehende Absicht zu »heller« oder »dunkler« Magie. Im deutschsprachigen Buch über die Eiszeit »Das Erwachen der Menschheit« nennt der Autor die Magier »Zauberer« und im östlichen (mongolischen) Sprachgebrauch, nennt man sie Schamanen. Das sind Menschen, die bestimmte Einweihungsprüfungen bestanden und dadurch ihre mentalen Fähigkeiten über das normale Maß hinaus erweitert haben.

Die Eiszeit- und Höhlenforscher betrachteten diese Magie der Urzeit, die sie auf den Malereien entdeckten, als eine frühe Form einer kultischen Handlung und somit als eine Vorstufe der Religion. Es war zuerst ein französischer Priester, Abbé Henri Breuil (1877 bis 1961), der Begründer der Höhlenforschung, der auf den magischen Sinn der Bilder hingewiesen hat. Bereits im Jahre 1906 trat er mit Entschiedenheit für den Gedanken ein, dass die Bilder aus Gründen der Magie geschaffen worden waren. Seit dieser Zeit haben sich, wie bereits erwähnt, alle damaligen Forscher für diesen Gedanken ausgesprochen, auch Professor Herbert Kühn, der schreibt: »Es ist der Gedanke der Magie, des Zaubers, der die Wurzel dieser Kunst ist. Nicht, daß jedes Kunstwerk magischen Sinn hätte, ästhetische, rein künstlerische Momente sind zu offenbar, als daß sie übersehen werden können, aber magische Blickrichtungen sind deutlich erkennbar. Sie bedeuten den Ursprung und den tiefsten Sinn der eiszeitlichen Kunst. Es gibt eine Reihe von Gründen, die das Vorhandensein von Magie bei den Bildwerken beweisen. Viele Bilder tragen Einzeichnungen von Pfeilen, [...] An verschiedenen Stellen sind P-förmige Zeichen auf das Tier gemalt oder über die Bilder graviert. Es handelt sich um ein Wurfgeschoß aus Holz, eine Art Bumerang. [...] Der magische Sinn dieser Kunst, die religiöse Grundlage, ist also immer wieder bei den Tausenden von Bildern deutlich sichtbar. Und steht man vor den Bildern, dann erkennt jeder Besucher, daß es sich um kultische Plätze, daß es sich um heilige Stätten, daß es sich um Orte der Religion handeln muß. [...] Diese Kunst der Eiszeit ruht ganz auf dem religiösen Bewußtsein, sie ist Ausdruck des Kultes, und von der Kunst aus ist es möglich, den Kult in allen seinen Formen zu begreifen. [...]«

Es wurden sogar Bilder ausgegraben, die die Vorgänge der Magie selbst darstellten. So zeigte sich auf einem dieser Bilder auch die große Achtung des Jägers vor dem Tier und damit vor dem Schöpfer, denn er verbeugte sich vor dem Tier, bevor er es tötete. Das ist ein Vorgang, der vor noch nicht allzu langer Zeit in ähnlicher Form auch in unseren Breiten üblich war: Die Jäger entschuldigten sich bei den Tieren, die sie erlegten, und erklärten dem Wild die Notwendigkeit, da sie, wie auch der heilige Franziskus, der die Tiere als »Bruder Fasan« oder wie in der Stadt Gubbio als »Bruder Wolf« und die bei seiner Predigt zu laut zwitschernden Schwalben mit »meine Schwestern« ansprach, die Tiere als verständige und zu respektierende Mitgeschöpfe ansahen. Ein anderes ausgegrabenes Bild aus einer Schicht zeigte einen Kranken, der auf dem Boden liegt, und über den sich der Magier beugt, um ihn zu heilen. Die Magier scheinen also verschiedene Funktionen in der damaligen Welt ausgeübt zu haben.

Die Begeisterung über die Entdeckungen dieser frühen Formen der Religion in Europa war sehr groß, wie man auch den Äußerungen Herbert Kühns entnehmen kann: »Die Bestimmtheit der Aussage über das Denken so früher Zeit, über das Denken der Grenzregion der Menschheit überhaupt, wäre nicht möglich, wenn der Mensch in dieser Frühzeit nicht so sorgsam, so hingebungsvoll und so eifrig die Malerei, die Zeichnung, die Skulptur gehandhabt hätte. [...] An keiner Stelle der Erde kann man dabei soweit hinabblicken in die Anfänge des Lebens wie gerade in Europa, an keiner Stelle der Erde gibt es so viele Zeugnisse für die Entfaltung des Denkens und des Glaubens wie gerade in unserem Erdteil. Der Zauber betrifft die beiden großen Fragen, die immer die größten des Menschen waren, die Fragen nach Geburt und Tod. Es ist der Zauber für die Tötung der Tiere, es ist auch der Zauber für die Geburt der Tiere. Gerade das Bespringen des Bison wird dargestellt bei den beiden großen Bisons von Tuc d´ Audoubert, und immer wieder erscheinen die Bilder der gebärenden Tiere und der tragenden Tiere. [...] Der Zauberer ist der Schamane, er ist der Schöpfer der Bilder und immer wieder übt er seine Kunst, damit die Bilder so naturnahe wie möglich sind, und damit der Zauber seine Wirkung hat. [...] Die Bilder haben eine Aussagekraft, die nicht nur in ihrer künstlerischen Qualität, sondern auch in ihrer dargestellten Welt liegt, sie spricht von dem Leben des Menschen, von seinem Kampf mit dem Dasein, von seiner Lebensfähigkeit und auch von seinem Glauben, seiner Religion.« Neben diesen Bildern an den Felsen darf man die Fülle der dazugehörenden Kleinkunstwerke nicht vergessen, wie auch die Forscher immer wieder betonen. Ihre Anzahl geht in die Tausende und auch hier befinden sich die wichtigsten Fundplätze in Frankreich, wobei wiederum ***Lourdes*** – an siebter Stelle – genannt wird.

Wie Sigismund von Gleich betont, konnten diese bewunderungswürdigen Malereien und Kleinkunstwerke nur dadurch entstehen, dass sich drei unterschiedliche atlantische Völker gegenseitig geistig befruchtet haben, da es nicht nachzuweisen ist, welche dieser Urvölker der Magdalénienzeit, die alle sehr vertraut mit den Tieren lebten, diese Kunst hervorgebracht hat. Die Forscher fanden außer den vielfach dargestellten Magiern auch einige Fruchtbarkeitsgöttinnen in den Höhlenmalereien; von den Urbasken waren gute handwerkliche Fähigkeiten bekannt und die Schnitzereien sowie die Elfenbein- und Knochengravierungen zeigen eine sehr hohe Künstlerfähigkeit, ähnlich der, die man noch heute in Sibirien finden kann.

Dabei hat Sigismund von Gleich etwas sehr Bedeutendes festgestellt, denn »die großzügig-künstlerischen Formen, in welchen der Magdalenienmensch in äußerst beseelten und wesenkündenden Haltungen und Stellungen die Bisonten, Rentiere, Mammute, Pferde, Fische usw. geschnitzt oder durch Gravierung gezeichnet hat, zeigen einen ganz bestimmten *Stil*.« Diesen Stil hat die Kunstwissenschaft als »skythischen Tierstil« bezeichnet, und Sigismund von Gleich nennt den urmongolischen Volksstamm zur Unterscheidung von dem späteren kriegerischen Mongolentum entsprechend den »urskythischen«. Dieser Stil hat sich am großartigsten in den letzten Jahrhunderten vor Christus an der Nordküste des

Schwarzen Meeres ausgebreitet. Doch zum ersten Mal in der Weltgeschichte erschien der skythische Tierstil in den Tierdarstellungen des Magdalénien – nicht in Asien, sondern in Westeuropa!

Sigismund von Gleich eröffnet uns hinsichtlich dieser großartigen Kunsterzeugnisse noch eine andere Perspektive:

> »Die eiszeitlichen Kunstwerke von Westeuropa, die Lehmplastiken, Zeichnungen und Malereien von Tieren vor allem in den frankokantabrischen Kulthöhlen, aber auch die Schnitz- und Gravierkunstwerke der Knochenkultur sind als Gipfelleistungen der Kunst überhaupt zu betrachten. [...] Und wie vollendet in Auffassung und Stil sind diese Darstellungen! Sie allein widerlegen den Irrglauben der Zeitgenossen, daß der Urmensch geistig primitiv gewesen sein soll! So ärmlich seine steinernen Werkzeuge und sein äußeres Zivilisationsleben gewesen sind, so reich war er innerlich an Seele und Geist. Hierbei ist ein geschichtliches Urphänomen wahrzunehmen: neue Fähigkeiten, die der Mensch zu erringen hat, treten fast immer am *Anfang* sogleich in höchster *Vollendung* auf, und dann erst lebt sich in den folgenden Zeiten die neue Fähigkeit in das allgemeine Kulturschaffen ein. In *Aristoteles* z. B. erschien die Fähigkeit des logischen Denkens, die Begriffswissenschaft und Wissenschaftslehre am Anfang aller Denkentwicklung sogleich in vollendeter Form, aber die allgemeine Kultur lebte sich in dieses logische Beherrschen der Begriffe erst in den folgenden Jahrhunderten ein. So sehen wir am Ende der Eiszeit die Kunst entstehen, aber so, daß die *ersten* Kunstwerke der Menschheit in vieler Hinsicht als vollendete gelten dürfen. [...] Wo aber eine neue Fähigkeit, wie hier die künstlerische Offenbarung des Wesenhaften der Tiere, am Anfang einer langen Entwickelung [sic] wie vorbildgebend in vollendeter Form auftritt, da geben

die entscheidende Anregung die Geistesführer, deren Bewußtsein der allgemeinen Menschheitsentwickelung [sic] vorauseilt; [...] die im Altertum das gesamte Kulturleben inspiriert und gelenkt haben. Auch das mußte einmal in der Menschheitsentwicklung *gelernt* werden: genau zu sehen und aufzufassen, welche Formen und Farben z. B. ein Bison oder Rentier hat. [...] In der neueren Zeit hat man immer sicherer erkannt, daß es *Kulthöhlen* sind, in welchen sich die eiszeitlichen Gemälde befinden.«

Lourdes – Die Basken und ihre Sprache

Kommen wir nun aus den himmlischen und urgeschichtlichen Weiten zur irdischen Geschichte des baskischen Volkes, das in den älteren Zeiten ein weit größeres Gebiet bewohnte als es heute der Fall ist. Deshalb ist es auch nicht verwunderlich, dass die Bewohner der Provinz Bigorre, zu der Lourdes gehörte, baskischer Abstammung sind. Das bestätigt auch der Pfarrer Johann Peter Gerlach, als er 1830 in seinem Buch »Reise durch das südliche Frankreich und einen Theil von Oberitalien« feststellt: »Merkwürdig ist der alte, tiefgewurzelte Nationalhaß zwischen den Bewohnern von Bigorre und Bearn; und doch gehören beide zum baskischen Volksstamm; [...]«

Auch die Sprachforschung geht von einer weiten Verbreitung des baskischen Volkes aus, da im gesamten Pyrenäenraum seit uralten Zeiten baskisch gesprochen wurde. Die baskische Sprache war auch in weiten Teilen des Südwestens Frankreichs nachweislich präsent. So lassen Wörter baskischen Ursprungs in den dem heutigen Baskenland benachbarten Gegenden wie auch der Gascogne - zu der die Provinz Bigorre noch im 19. Jahrhundert gehörte – Rückschlüsse auf eine weit über das gegenwärtige Verbreitungsgebiet hinausgehende sprachliche Verbreitung des Baskischen zu. Auch in Lourdes entdeckten die Sprachforscher in einigen Wörtern eindeutig baskische Wurzeln, und gingen deshalb davon aus, dass auch in Lourdes baskisch gesprochen wurde. Der Name des Flusses Gave enthält zum Beispiel ein typisches Wasserwort aus der baskischen Sprache aus *ava* oder *apa*; und auch in dem Berg Pic du Jer kann man die alte baskische Sprachwurzel erkennen. Es ist *car* oder *cer*, was dann zu ger und jer wurde und allgemein Stein, Fels, Anhöhe bedeutet. Ebenfalls fanden sie heraus, dass sogar im Ortsnamen Lourdes die beiden Wortwurzeln für »Stein, Fels, Anhöhe« als *cal* und *ur* als Wasser verborgen sind. Das haben erst neuere Erkenntnisse ergeben, die die Grundform von Lourdes – eigentlich ohne das *s* am Ende – als calurt-a erscheinen lässt. Lourdes-Calurta soll somit ein sehr altertümliches Wort sein, das ebenfalls aus dem Baskischen stammt. Es bedeutet einen »Wasserfels« oder einen »Fels-Wasser-Ort«, womit der bedeutende Burghügel mit dem Fluss Gave gemeint sein kann.

Da die baskische Sprache ein wesentlicher Ausdruck der baskischen Identität und gleichzeitig die älteste Sprache der Welt ist, erscheint es mir sehr wichtig, ihr ein eigenes Kapitel zu widmen. Sie ist eine isoliert dastehende Sprache, die – abgesehen von einigen Lehnwörtern – von keiner anderen Sprache beeinflusst wurde und sich anscheinend nicht über den Kreis der Familie und des Stammes hinaus vermitteln lässt. Zudem ist sie eine gesprochene Sprache, die geschrieben viel von ihrem Reichtum verliert. Da die baskische Sprache in ihrem Aufbau nur den Ursprachen Amerikas ähnlich ist und die französisch-spanische Atlantikküste und Amerika einst beide mit dem großen Kontinent Atlantis verbunden waren, spricht nach Meinung einiger Forscher sogar vieles dafür, dass das Baskische eine enge Verwandtschaft mit der ehemaligen atlantischen Sprache hat. Diese Vermutung wird gestützt durch die Erkenntnis, dass die baskische Sprache die vollkommenste und zugleich auch die wissenschaftlichste Sprache der Welt ist. Dazu zitiert Louis Charpentier in seinen Forschungen über den Jakobsweg den Mathematiker Clémont de Jaurréguiberry, der aus dem Blickwinkel seiner Wissenschaft heraus festgtellt hat:

> »Einem allgemeinen Gesetz der Sprachwissenschaft zufolge ist die Sprache einer progressiven Evolution unterworfen. Nahezu in jeder Sprache läßt sich dieser Fortschritt vom ursprünglichen Stammeln bis zu den höchsten Entwicklungsformen aufzeigen. Anders liegt der Fall bei der baskischen Sprache. Ihre Ausdrucks-

mechanismen sind so vollkommen, dass sich für sie beim besten Willen keine Verbesserungen ersinnen lassen. Betrachtet man sie genauer, sieht man, daß sich ihre Elemente zu einem einzigen in sich stimmigen Gebäude zusammenfügen. [...] Es fällt auf, daß jene Formen, die in der Alltagssprache am seltensten verwendet werden, die Reinheit und Strenge des Gesamtsystems aufweisen. Das legt den Schluß nahe, daß die baskische Sprache nicht dem Gesetz der progressiven Evolution gefolgt ist. Während andere Sprachen sich aus anfänglicher Unzulänglichkeit zu größerer Vollkommenheit entwickelt haben, hat das Baskische von Anfang an in seiner Gesamtheit eine solche Perfektion aufgewiesen, daß sich Verbesserungen nicht nur als unnötig, sondern auch als undurchführbar erwiesen haben.«

Als eine weitere Eigentümlichkeit bezeichnet er die Konstruktionsweise dieser Sprache. »Das Baskische [...] ist eine Sprache von mathematischer Logik. Die Äußerungen in ihr werden nach harmonischen Regeln gewonnen und sind dem menschlichen Geist gemäß. Deshalb ist es unvorstellbar, daß ein Erwachsener, der in Soule geboren wurde und sein Leben dort verbracht hat, einen einzigen syntaktischen Fehler begeht. Ich sage: *einen einzigen!*« Diese Vollkommenheit von Anfang an erinnert an die Aussage Sigismunds von Gleich, die ich im vorigen Kapitel bereits zitiert habe: »Wo aber eine neue Fähigkeit [...] in vollendeter Form auftritt, da geben die entscheidenden Anregungen die Geistesführer, deren Bewußtsein der allgemeinen Menschheitsentwickelung vorauseilt.«

Im Zusammenhang mit dieser Aussage ist interessant, dass Louis Charpentier feststellt, dass nicht nur außergewöhnlich viele Plätze, Flüsse und Quellen in Frankreich baskische oder baskoide Namen tragen, sondern auch ein großer Teil derjenigen Orte, in deren Namen man noch den baskischen Ursprung erkennen kann, in irgendeiner Weise heilig sind. Und auch bei den nachfolgenden Religionen blieben diese Plätze heilig. Deshalb vermutet er – und kommt der Aussage Sigismunds von Gleich damit sehr nahe –, dass die baskische Sprache einst als eine heilige, das heißt magische und schöpferische Sprache geschaffen wurde, was nur den wahren Wissenden möglich gewesen war, die dem baskischen Volk anscheinend den Auftrag erteilten, diese Sprache zu bewahren. Heute soll es noch etwa 900.000 Personen im Baskenland geben, die fließend Baskisch sprechen.

Lourdes – Die Basken und ihre Geschichte

Da die Geschichte der Basken eng mit Lourdes verbunden ist, gebe ich sie nun so weit wieder, wie es für dessen weiteren geschichtlichen Verlauf wichtig ist. Das geschieht auch im Hinblick darauf, dass bei vielen Pilgerreisen nach Lourdes auch Ausflüge ins Baskenland angeboten werden. Ich hoffe, dass man das baskische Volk in Zukunft durch das, was ich hier mitteilen möchte, in einem anderen Licht sieht und sich auch dessen enger Verbindung mit Lourdes bewusst wird.

Dazu habe ich vor allem das Buch von Carlos Collado Seidel »Die Basken – Ein historisches Porträt« zu Rate gezogen, eines der wenigen Bücher, die ich zu diesem Thema im deutschsprachigen Raum erhalten konnte. Wie bereits erwähnt, existiert im baskischen Volk die These, dass sie Nachfahren von Tubal, einem Sohn Jafets sind, der einer der drei Söhne Noahs war, wie es in Genesis 10,2 heißt: »Die Söhne Jafets sind Gomer, Magog, Madai, Jawan, Tubal, Meschesch und Tiras.« Sigismund von Gleich bestätigt in gewisser Weise diese These, indem er in seinem Buch »Siebentausend Jahre Urgeschichte der Menschheit« die drei Söhne Noahs als Benennung für die drei oben genannten Volksstämme betrachtet und zu den Urbasken schreibt: »Die Mittelmeerrasse ist ›*Japhet*‹. Dieser Name bedeutet: Weite, Ausbreitung. Wiederum eine höchst treffende Bezeichnung ihrer Wesensart.« Carlos Collado Seidel berichtet, wie bereits gesagt, dass im Baskenland allgemein die Überzeugung vertreten wird, dass die Basken ein Volksstamm sind, der seit der Steinzeit unverändert den gleichen Lebensraum besiedelte, und fährt fort:

> »Hierbei wird gerne auf die Forschungsergebnisse des baskischen Anthropologen José Miguel de Ba-

> randiarán (1889–1991) verwiesen, der bei der Vermessung von Schädeln zu dem Ergebnis kam, dass die Basken direkte Nachfahren der in dieser Gegend ansässigen Cromagnonmenschen seien. [...] Die Basken seien demnach Teil jener ureuropäischen Kultur, die sich nach der letzten großen Eiszeit während des Magdalénien verbreitete und von der etwa die berühmten Höhlenmalereien von Lascaux oder Altamira stammen. Mit den vorgeschichtlichen Völkerwanderungen sei diese Kultur jedoch bis auf den baskischen Raum überlagert worden. Nur hier hätten sich jene ureuropäischen Völker gegenüber den Einwanderern als eigene Ethnie und sprachlich behaupten können. Gerade in den unwirtlichen Tälern der Pyrenäen und des kantabrischen Gebirges habe dieses Volk seine Eigenständigkeit und Andersartigkeit bewahren können. Zur Untermauerung der These einer die Zeiten überdauernden und klar abgrenzbaren Ethnizität wird gerne darauf verwiesen, dass im Blutbild der Basken häufig der Rhesusfaktor »negativ« vorkommt. Dieser Befund scheint die Schlussfolgerungen aus den hydronymischen Untersuchungen zu untermauern, wonach die Basken Teil eines Menschentyps seien, der nach der letzten großen Eiszeit weite Teile Westeuropas besiedelt haben und in der Folgezeit durch die indogermanische Völkerwanderung bis auf den baskischsprachigen Raum kulturell weitestgehend assimiliert worden sei.«

Das ergaben auch die Erkenntnisse der Historiker, denn als sie erforschten, welche Einflüsse die Einwanderung der Völker aus dem Osten auf Europa gehabt haben, konnten sie die baskische Küste von der Vorgeschichte bis in die römische Zeit hinein nur als ein traditionsverpflichtetes Gebiet beschreiben.

Die baskischen Stämme haben jedoch nie ein eigenständiges Herrschaftsgebiet gebildet, sondern wurden im

Zuge der Herausbildung verschiedener Reiche in unterschiedliche Herrschaftsräume eingegliedert. Allerdings können hinsichtlich ihres kulturellen Entwicklungsstandes vor allem seit der Zeit der römischen Kolonisierung am Ende des 3. Jahrhunderts vor Christus deutliche Unterschiede zwischen den Ebenen und den unzugänglichen Gebirgsregionen der Pyrenäen festgestellt werden. Vor allem die Annahme römischer Lebensweisen und Wirtschaftsformen hatte bei den Stämmen in der Ebene weitreichende verändernde Auswirkungen, während sich in den unzugänglichen Gebirgsgegenden der Pyrenäen traditionelle Stammeskulturen erhalten konnten, da sich die römische Kolonisierung vor allem auf landwirtschaftlich ertragreiche Gegenden in den Ebenen und auf die Errichtung von Handelswegen konzentrierte. Weil einer dieser Wege an Lourdes vorbeiführte, hatten die Römer auch auf dem Burgberg eine Wegbefestigung eingerichtet, um den Pass nach Spanien zu sichern und vor Überfällen geschützt zu sein, was entsprechende Ausgrabungsfunde auf dem Berg ergeben haben. Doch die unwegsame Gegend war für die Römer uninteressant, so dass die baskischen Stämme in Lourdes unberührt von fremden Einflüssen blieben und die baskische Sprache hier wie im gesamten baskischen Gebirgsraum erhalten blieb. In den Ebenen jedoch veränderte die römische Kultur durch die nach und nach nahezu flächendeckende Verdrängung der baskischen Sprache durch das Lateinische und die daraus entstehenden romanischen Sprachen die Lebenswelt der ortsansässigen Stämme so grundlegend, dass die baskische Sprache sich nicht behaupten konnte. Somit nahm in den Gegenden, in denen sich die römische Kultur durchsetzte, die baskische Lebensart einen ganz anderen Verlauf als in den Regionen außerhalb des römischen Einflusses.

Ende des 5. Jahrhunderts wanderten Basken aus der Gegend südlich der Pyrenäen nach Norden und besiedelten das Gebirgsvorland, das inzwischen zum Frankenreich gehörte, bis an die Garonne. Das Gebiet im Südwesten des Frankenreiches bekam nun den Namen *Gascogne* (von *vasco* »baskisch«). In der Antike gehörte die Gascogne zu Aquitanien, einer Provinz und Region im Südwesten Frankreichs, deren Hauptstadt Bordeaux war, und sie wurde von dem baskischen Stamm der Aquitanier bewohnt, die baskisch sprachen. Doch durch die allmähliche Romanisierung der baskischen Gebiete der Ebenen hatte sich dort die gascognische Sprache entwickelt, eine stark vom Baskischen beeinflusste Unterart der okzitanischen Sprache. Die okzitanische Sprache wiederum ist eine sogenannte galloromanische Sprache, die aus dem Vulgärlatein Südgalliens entstanden ist, hauptsächlich im südlichen Drittel Frankreichs gesprochen wurde und auch heute noch wird. Doch in den Gebieten, die für die Römer uninteressant waren, wurde weiterhin baskisch gesprochen. Obwohl es der fränkischen Herrschaft gelang, die baskischen Stämme im Gebiet der Gascogne nach und nach in den eigenen Herrschaftsbereich zu integrieren, scheiterten auch sie bei den im Pyrenäenraum lebenden Stämmen der Gascogne, zu denen die Bewohner des damaligen Lourdes gehörten. Während somit in den Bergregionen die althergebrachten vorrömischen Traditionen erhalten blieben, nahmen die Menschen in den Gegenden unter fränkischer Herrschaft die romanischen Lebensweisen, die entsprechende Sprache und den dazugehörenden christlichen Glauben an.

Anfang des 8. Jahrhunderts kam das fränkische Reich aufgrund der Eroberung der Iberischen Halbinsel durch ein muslimisches Heer in Bedrängnis: Von Pamplona aus zog im Jahr 732 ein muslimisches Heer über den Pass von Roncesvalles tief in fränkisches Gebiet hinein und konnte bis weit nach Norden vordringen. Erst in der Schlacht bei Tours und Poitiers, südwestlich von Orleans, konnte es 732 durch Karl Martell aufgehalten werden. Nach diesem Sieg gehörte das Land bis zu den Pyrenäen zwar wieder zum Frankenreich, doch die

Franken hatten mit permanenten Aufständen der Basken zu kämpfen. Karl dem Großen gelang es schließlich, die Gascogne zu unterwerfen, fränkische Grafen einzusetzen und Garnisonen zu errichten. Das führte jedoch einige Jahrzehnte später bei seinem Feldzug auf der Iberischen Halbinsel zu einer empfindlichen fränkischen Niederlage, denn nachdem Karl der Große im Jahr 778 auf seinem Eroberungszug gegen die Araber offenbar nicht in der Lage gewesen war, die Stadt Saragossa zu erobern und er sich wieder zurückziehen musste, soll es zur berühmten Schlacht am Pass von Roncesvalles gekommen sein, bei der die Truppen des fränkischen Königs von baskischen Stämmen angegriffen und geschlagen wurden. Diese Niederlage war so bedeutsam, dass sie als einziges militärisches Fiasko des späteren Kaisers in die Geschichte einging. Aber Karl der Große gab sein Eroberungsbestreben nicht auf und unterwarf die Gascogne erneut, so dass auch Lourdes wieder in seinem Herrschaftsgebiet lag, eine Tatsache, die für dessen weitere Entwicklung noch von großer Bedeutung sein würde. Weitere Revolten der Basken bewirkten dann ab 812 wieder die faktische Unabhängigkeit der Gascogne innerhalb des aquitanischen Königreiches.

Die Christianisierung verlief im baskischen Raum im Vergleich mit anderen Gebieten Frankreichs mit deutlicher Verzögerung ab, wie es Carlos Collado Seidel berichtet. Dieser Tatsache schreibt die Geschichtsforschung eine herausragende Bedeutung für den Erhalt der Sprache und das Beharrungsvermögen baskischer Traditionen zu, die zu einer besonderen religiösen Prägung des gesamten baskischen Gebietes führte. Eine allmähliche Christianisierung setzte sich zuerst in den von römischer Lebensweise der Spätantike geprägten Gebieten durch. In den unzugänglichen Gegenden des Berglandes jedoch hielt sich weiterhin der traditionelle Glaube an Naturwesen oder die Muttergöttin Mari, ein baskisches Erbe aus uralten Zeiten. Auch für die Zeit der Herrschaft der

Westgoten und der Franken im 5. Jahrhundert fand man kaum Belege für eine christliche Glaubenspraxis in diesem baskischsprachigen Gebiet. Das Christentum schien nördlich der Pyrenäen in weiten Teilen sogar aufgegeben worden zu sein. Erst nach und nach begann mit der Gründung von Klöstern ein christlicher Neuanfang, der im baskischen Raum jedoch äußerst mühevoll verlief. So bemühte sich der heilige Amandus im 7. Jahrhundert vergeblich um die Missionierung der Basken im fränkischen Herrschaftsgebiet, wie mittelalterliche Chroniken berichten.

Den größten Einschnitt für den ländlich und traditionell geprägten baskischen Raum in Frankreich brachte aber das 18. Jahrhundert, das Jahrhundert der Französischen Revolution. Die entstehende französische Nation nahm keinerlei Rücksicht auf ehemalige Zugehörigkeiten, was für Lourdes bedeutete, dass die eigenständige Provinz Bigorre aufgelöst und durch die Vergrößerung des Territoriums im Norden und Osten in das neu entstandene Department Hautes-Pyrénées integriert wurde, wobei Bigorre etwa drei Viertel dieses Departments ausmachte. Außerdem wurde überall die Forderung abgelehnt, die baskische Sprache durch den Staat zu fördern. Im Gegenteil wurde nun dem Baskischen bewusst das Französische als Sprache der Nation entgegengesetzt, wie es auch der reisende Pfarrer 1830 berichtet: »[…] aber in Bigorre ist die baskische Sprache von der französischen verdrängt worden, wobei letztere in einem besonderen Dialekt gesprochen wird.« Diesen Dialekt nannte man »bigorrisch«. Fortan geriet das Baskische immer stärker unter Druck, wogegen vor allem im Klerus Proteste laut wurden, denn zu dieser Zeit hatte sich der Katholizismus in den baskischen Gebieten bereits zu einer starken Kraft entwickelt. Deshalb führten die Restriktionen in der Glaubensausübung und die durch die Republik verordnete Unterordnung des Klerus unter die zivile Macht dazu, dass einige Hundert Priester aus dem französischen Baskenland sowie der Bischof von Bayonne ins spanische Baskenland ins Exil gingen. Das mag auch ein Grund dafür sein, dass der baskische Raum in Spanien bis zum grundlegenden Gesellschaftswandel in der zweiten Hälfte des 20. Jahrhunderts die spanienweit höchste Identifikationsrate mit der katholischen Kirche aufwies.« Katholizismus und baskische Traditionen scheinen also gut zusammenzupassen.

Lourdes und das baskische matriarchale Erbe

Trotz starker katholischer Gläubigkeit haben sich in den Gegenden in den Pyrenäen, wo wie in Lourdes noch baskische Stämme lebten, alte matriarchale Traditionen erhalten können, zu denen auch der von Carlos Collado Seidel erwähnte Glaube an die Erd- und Muttergöttin Mari und die damit verbundenen Naturwesen gehörte. Dies mag für den modernen Menschen, der heute in den Ebenen lebt, ein Widerspruch sein, doch so wie auch in unseren nord- und mitteleuropäischen Bergregionen alte matriarchale Traditionen und eine enge Verbindung zur Natur und ihren Wesen noch lebendig sind, so war es auch im 19. Jahrhundert vor der Erscheinung der Jungfrau Maria in Lourdes der Fall.

Bis zur Mitte des 19. Jahrhunderts war Lourdes von etwa 4.000 Einwohnern besiedelt. Das Christentum war allgegenwärtig und prägte das all- und sonntägliche Leben der Bevölkerung, so dass erst bei näherem Hinsehen eine matriarchale, also mutterrechtliche Lebensart erkennbar wird. Arnold Guillet erklärt dazu im Editorial zu dem Buch »Die über alles schöne Frau«, dass man wissen muss, dass damals in Südfrankreich fast matriarchale Verhältnisse herrschten. Ganz deutlich finden wir diese in der Familienstruktur der Soubirous, denn auch in der Familie Bernadettes wurden von mütterlicher Seite her mutterrechtliche Strukturen vererbt, die dem baskischen Familienrecht entstammten. Dazu gehörte es, dass die älteste Tochter einer Familie die Aufsicht über ihre Geschwister hatte; zumindest in moralischer Hinsicht, was mit einem großen Pflichtbewusstsein verbunden war. Deshalb behielt Bernarde Castérot als älteste Schwester, sogar nachdem ihre jüngere Schwester Louise mit François Soubirous verheiratet war, weiterhin die Familienaufsicht. Sie wurde auch die Taufpatin der

Erstgeborenen und das Kind erhielt ihren Namen, Bernarde-Marie. Daraus wurde allerdings zur Unterscheidung die Verkleinerungsform» Bernadette«, zu Deutsch etwa »Bernhardalein«. Und Tante Bernarde erklärte später stolz, »dass sie Bernadette seit den ersten Lebensjahren als Mutter gedient habe«. Die Älteste war nach baskischem Familienrecht auch die »Erbin« (l´héritiére) und wir werden im zweiten Band zu Lourdes sehen, wie selbstverständlich auch Bernadette ihre Autorität über ihre Geschwister ausübte; sogar noch von Nevers aus.

Ähnliches berichtet 1830 auch der Pfarrer Johann Peter Gerlach aus seinem Verständnis heraus von den Bewohnern der Provinz Bigorre: »Sie sind rohe Naturkinder, die bey ihrer patriarchalischen Lebensart eine völlige Gleichheit erhalten haben.«

Diese mutterrechtliche Lebensart kann man – vielleicht auch aus eigener Erfahrung heraus – wohl gut nachvollziehen. Schwieriger mag es werden, wenn wir uns nun dem alten baskischen Glauben an die große Ahnfrau, die Muttergöttin Mari und die Naturwesen zuwenden, die Carlos Collado Seidel als altes baskisches Erbe erwähnt und deren Spuren ebenfalls im 19. Jahrhundert in Lourdes zu finden waren. Es waren vor allem die einfachen Menschen in Lourdes, die vielfach noch eng mit den baskischen mythologischen Traditionen verbunden waren und darin genauso wenig einen Widerspruch gegenüber dem Christentum sahen wie die heutigen Bergbewohner. Beides ließ sich gut vereinbaren.

Bevor ich mich aber den mythologischen matriarchalen Spuren in Lourdes zuwende, gebe ich für ein besseres Verständnis dieses alten Glaubens die folgenden Erklärungen aus dem Buch »Marienorte« wieder.

> »Ohne die Naturverehrung und die alte Mythologie der besonderen Stätten gäbe es keine Volksfrömmigkeit. Geschätzt wurde die Wirkkraft der Elemente

und ihre Leben erhaltende Bedeutung bei Krankheiten. Doch das alleine genügte noch nicht. Hinter der Heilkraft, dem Schutz und dem Segen standen Wesen und Naturkräfte, denen man ein Antlitz gab. Es waren die Ahnen, die Rat gaben, die Fruchtbarkeit der Felder bewirkten und die Sippen schützten. Besonders eine Urahnin wurde verehrt, da sie als Stammesmutter einst das Leben der Menschen hervorbrachte, was sich in jeder Generation durch die Frauen wiederholte. [...] Im Verlauf der Geschichte wurden die Ahninnen zu Göttinnen, so daß wir auch von einer Göttinnenkultur sprechen können. Jedoch haben diese nichts mit unserem Gottesbild gemein: auch eine Göttin bleibt in mutterrechtlichen Gesellschaften eine Große Ahnfrau, mit der sich die Menschen verwandtschaftlich verbunden fühlen. Diese Verwandtschaft wurde nicht nur innerhalb des Stammes und der Sippen gepflegt. Es zeugt von einer hochstehenden Kultur und Philosophie, dass die Prinzipien der verwandtschaftlichen Verbundenheit auf die Landschaft übertragen wurden. Die Erde war dadurch integraler Bestandteil der Gemeinschaft, so wie die Gemeinschaft in die natürliche Ahnenwelt integriert war. Dabei erkannte man in der Landschaft ganz konkret den Körper der Ahnin: ein Hügel war ihr Bauch, Doppelberge waren ihre Brüste, Höhlen und Quellen ihr Schoß, Flüsse ihre Adern und Steinformen ihre Fußabdrücke. Ja die Welt an sich bot mit ihren vielfältigen Erscheinungen immer wieder Versinnbildlichungen der Ahnin. Dennoch ist ihre Symbolwelt einheitlich. Ihre Aspekte und die Bedeutung der Symbole wiederholen sich [...]. Da alle Menschen Kinder der Stammesmutter waren, konnte sie niemand nur für sich in Anspruch nehmen. Ebenso unvorstellbar war es, sie zu besitzen: ihre Quellen, Flüsse, Früchte, Wälder und Tiere.«

Diese Naturphilosophie der alten Ahninkultur stammte aus der großen matriarchalen Epoche der Uräthiopier, als die Menschheit noch in Sippen und Stämmen organisiert war, auf die ich bereits eingegangen bin.

Jede alte mutterrechtlich organisierte Kultur hatte eine Große Ahnfrau oder Göttin. Da die Landschaftsform ihr körperlicher Ausdruck war, wurde sie auf die Art, wie sie sich in der Form der jeweiligen Landschaft zeigte, in einem ihrer drei Aspekte wahrgenommen, die den Jahreszeiten entsprachen. Der erste war der weiße Aspekt der Jungfräulichkeit und der Empfängnis, der den Frühling symbolisierte; der zweite war der rote Aspekt der Fruchtbarkeit und symbolisierte den Sommer und der dritte war der schwarze Aspekt des Todes, beziehungsweise der Verwandlung, der dem Herbst und Winter zugeordnet war.

In Lourdes war es aufgrund der vielen Grotten und Höhlen interessanterweise der weiße, jungfräuliche Aspekt der Großen Göttin. Da Grotten und Höhlen mit einem besonderen Stein- und Quellenkult zusammenhingen, hatte auch die Grotte von Massabielle in den alten matriarchalen Zeiten eine besondere geschichtliche Bedeutung, denn bereits in alten Zeiten soll in der Grotte eine Quelle entsprungen sein, was Untersuchungen, die nach den Erscheinungen in der Grotte durchgeführt wurden, bestätigt haben. Diese Quelle war in den damaligen Zeiten zusammen mit den zur Grotte gehörenden Steinen für die Frauen ein wichtiger Platz, an den sie sich begaben, um ein Kind zu empfangen. Höhlen und Grotten wurden dabei als der Erdschoß der Großen Ahnfrau angesehen und die Quellen als Wasser des Lebens, als das Blut der Erdgöttin, woraus nach alter Anschauung der Körper des Kindes gebildet wurde, das im Schoß der Frauen heranwuchs. Der Sinn dieses uralten Stein- und Quellenkultes war, eine verstorbene Person als ein neugeborenes Kind wieder ins Leben zu führen. Die Menschen glaubten damals in vielen Gegenden Europas, durch die Leben schenkende Kraft der jungen Frauen würden die Verstorbenen ein neues Leben in der Gemeinschaft erhalten. Die weiße Ahnfrau wurde in heiligen Bergen sowie in Grotten und Höhlen mit Steinen, Quellen und Stalaktiten verehrt. In den baskischen Stämmen und damit auch in Lourdes war die weiße Ahnfrau die baskische Göttin Mari, die auch heute bei den Basken im Baskenland im Hintergrund noch präsent sein soll. In Lourdes war es der See, den der Gletscher von Argelès, der größte Gletscher der Pyrenäen in Urzeiten hinterlassen hat, der als das Heiligtum der weißen Göttin Mari galt, wie eine lokale Sage berichtet. Darin wird auch überliefert, dass direkt an der Straße zwischen Lourdes und der Nachbargemeinde Poueyferré ein weißlicher Stein mit einer tiefen Rinne steht, bei dem es sich um die versteinerte weiße Göttin handeln soll, die Große Ahnfrau Mari. Sie soll verschont worden sein, während der Ort im Wasser unterging, wurde aber in Stein verwandelt, als sie sich umschaute. Die Archäologen glaubten dieser Sage und fanden im Lourdes-See die Spuren einer ehemaligen Ufersiedlung.

Da wir heutigen Menschen seit über 2.000 Jahren den Geist Christi in uns haben, durch den wir uns als Kinder Gottes dem himmlischen Vater zugehörig fühlen, werden uns diese alten Formen der Verehrung der Erde in Form einer Ahnfrau und Göttin zumeist fremd sein, denn wir preisen – wie der heilige Franziskus in seinem »Sonnengesang« –, Gott, den Herrn für unsere geliebte Mutter Erde. »Herr, sei gelobt durch Mutter Erde, die uns ernährt, erhält und Früchte trägt, die auch geschmückt durch Blumen und Gesträuch.« Wir sehen in ihr das mütterlich Nährende, das der Herr uns gab, um unseren physischen Körper zu erhalten und die mütterliche Fülle, die unsere Seele erfreut und sind deshalb aufgerufen, sich unserer geliebten Mutter Erde im franziskanischen Sinne immer wieder erneut in Liebe zuzuwenden und ihr für all ihre Gaben zu danken. Und wir Christen sind sehr reich, denn neben der Mutter Erde haben wir auch eine himmlische Mutter. Die geliebte Mutter Erde ist mit all ihren Gaben die Mutter der Gegenwart unseres irdischen Erfahrungsbereiches, denn der Mensch kann sich nur mit der Erde entwickeln. So ist sie auch kein Jammertal, dem wir entfliehen müssen, wie es die Vorstellung im Mittelalter war, sondern ein wunderschöner Planet, auf dem wir in Dankbarkeit lernen können, bedingungslos zu lieben und die moralischen Gesetze, die zur Erde gehören, zu befolgen.

So wird unser Planet zu einem Planeten der Liebe. Doch da wir alle Kinder Gottes sind, Brüder und Schwestern Christi (vgl. Matthäus 28,10), ist das kein einsamer Weg, sondern ein Weg der Brüderlichkeit, der gesamten Menschheit. Wir alle brauchen einander, damit die Liebe fließen kann. Deshalb beinhaltet das wahre Christentum auch gelebte Gemeinschaft im Herrn! Und dieses hohe Ziel unseres irdischen Lebens zeigt sich indessen in der geliebten himmlischen Mutter, der Unbefleckten Empfängnis. Es bedeutet, unsere Seele in »die Jungfrau Maria«, in eine innere Jungfräulichkeit und Reinheit zu verwandeln, die wir uns jedoch – im Unterschied zur Unbefleckten Empfängnis – auf der Mutter Erde durch die Arbeit an unserer Seele erst erringen müssen.

»Man sieht nur mit dem Herzen gut« Die Schöpfung des Vaters

Die Bedeutung der weißen versteinerten Göttin Mari im 19. Jahrhundert in Lourdes lässt sich nicht mehr feststellen. Doch von dem alten baskischen Glauben, den Carlos Collado Seidel in seinem Buch erwähnt, hat sich in

Lourdes unzweifelhaft das Bewusstsein beseelter geistiger Wesen in der Natur erhalten. Während sie in der matriarchalen Zeit zur Großen Ahnfrau gehörten, von der alle Geschöpfe abstammen sollten, wissen wir heute, dass sie Ausdruck der Schöpfung des himmlischen Vaters sind. Denn ER hat der Mutter Erde zur Entfaltung der Natur beseelte, doch für die Menschen zumeist unsichtbare hilfreiche Wesen an die Seite gestellt, die seiner göttlichen Führung unterliegen. Und die Menschen, die diese Wesen wahrnehmen können, haben berichtet, dass es – wie auch in der Engelwelt – unzählige und sehr verschiedene dieser hilfreichen Wesen auf der Erde gibt, je nachdem, welche Aufgaben sie zu erfüllen haben.

Wenn auch die Annahme, dass solche Wesen existieren, für einen materialistisch denkenden Menschen gegen den gesunden Menschenverstand verstößt, so gibt es außer in den Pyrenäen heute in Europa auch noch andere Länder, in denen sie als selbstverständlich angesehen werden; zum Beispiel in Island, Irland, auf den Britischen Inseln oder in Skandinavien. Viele große Künstler, Dichter und Denker glaubten an Naturwesen und in unzähligen Dichtungen und Mythen der ganzen Welt spielen sie eine bedeutende Rolle. Sie leben fort in Sagen und Märchen, aber auch in den Herzen und dem Bewusstsein vieler Berg- und Landbewohner. Und in der heutigen Zeit wird die Zahl derjenigen Menschen, die Naturwesen genauso selbstverständlich wahrnehmen und zum Teil mit ihnen kommunizieren können – wie andere mit den heiligen Engeln –, sogar immer größer. Und das hängt mit unserer Aufgabe in dieser Zeit zusammen, das Göttliche auch in der Natur zu sehen, um sich mit ihr zu verbinden; wie es auch der heilige Franziskus in seiner Art zum Ausdruck gebracht hat. Dazu gehören zunächst das Wissen und die Akzeptanz, dass es – ebenso wie es Engel im Himmel gibt – auch Engel in der Natur gibt, die wir Naturwesen nennen. Denn der Schöpfer allen Seins konnte den Menschen aufgrund seines freien Willens nur als Hüter Seiner Schöpfung einsetzen; die »Feinarbeit«, das heißt die Gewährleistung des Wachsens und Gedeihens, musste jedoch weiterhin in göttlicher Hand liegen. Deshalb erhielt die Mutter Erde als »göttliche Mitarbeiter« die Naturwesen, die ihr zur Sicherstellung des ordentlichen Gedeihens der Pflanzen- und Tierwelt an die Seite gestellt wurden. So war auch Paracelus davon überzeugt, dass die Naturwesen ihren Ursprung in der göttlichen Schöpfung haben; nur würden sie nicht von Adam, sondern von einer anderen Linie abstammen. Diesen ihren Ursprung haben die Naturwesen, die für das Wachsen und Gedeihen der Pflanzen auf der Erde verantwortlich sind, auf ihre Art einer sensiblen Seele mitgeteilt, die mit ihnen kommunizieren konnte. Denn sie sagten, dass sie genau wie die Engel DEN anbeten, der über Allem ist und zu DEM auch sie sich mitsamt der ganzen Natur hin entwickeln wollen – zu GOTT, unserem gemeinsamen Schöpfer.

Doch da der Mensch bei seinem Fall die ganze Schöpfung mitgerissen hat, trägt er auch Verantwortung für sie. Das betont der heilige Paulus im Römerbrief 9,19.22: »Denn die ganze Schöpfung wartet sehnsüchtig auf das Offenbarwerden der Söhne Gottes. […] Denn wir wissen, daß die gesamte Schöpfung bis zum heutigen Tag seufzt und in Geburtswehen liegt.« Mit den Söhnen Gottes sind alle Menschen gemeint, die in der Hingabe an den himmlischen Vater ein moralisches und spirituelles Leben führen und vom Geist Christi in sich bestimmt sind, wie Paulus es in Römer 8,9 betont. So hat unser materialistisch ausgerichtetes Denken allein keinen Zugang zu dieser Welt der Natur und der hilfreichen Naturwesen. Sie können nur mit dem Geist Christi in unseren Herzen erkannt werden, und dazu gehört Hingabe an die göttliche Welt. Denn der Mensch braucht ein offenes Herz, um diese Wesen wahrzunehmen und sich mit ihnen zu verständigen, und einen auf das Göttliche ausgerichteten Verstand, der in der Lage ist, das

Erlebte richtig einzuordnen, da für alle Erkenntnisse der Weg der Liebe das Ausschlaggebende ist, wie es auch der heilige Paulus betont. Dazu passen die Ergebnisse von Forschern des *Institute of HeartMath* in Kalifornien, die herausgefunden haben, dass die vom Herzen ausgehenden Schwingungen der Liebe die Gehirnwellen des Menschen zum Mitschwingen anregen können, und in diesen Augenblicken das Herz und das Gehirn im Einklang schwingen, was zu einer Verschiebung der Wahrnehmung und damit zu einer erhöhten Sensibilität führt. So können wir mit unserer Liebe tatsächlich die Naturwesen unterstützen und unsere wundervolle Erde heilen! Helfen wir also der geknechteten Schöpfung und schenken wir ihr in allen Aspekten unsere Liebe. Geben wir ihr das, wonach sie sich sehnt – unsere Zuneigung – und beginnen wir, ihr zu danken, denn der Mensch kann sich nur mit der Natur und über die Sinne zu Gott hin entwickeln. Darauf habe ich bereits hingewiesen. Und jetzt ist es höchste Zeit, dass der Mensch sich der Natur nähern muss – mit Wertschätzung, Geduld und Liebe – jeder auf seine eigene Art.

Anfügen möchte ich dieses wunderschöne alte indianische Gebet an den Schöpfer, das ganz der Spiritualität des heiligen Franziskus entspricht und uns auch an die göttlichen Geschenke der Natur in Lourdes erinnert.

Großer Geist,
ich vernehme Deine Stimme in den Winden, in den Regenwolken, in den Sonnenstrahlen, in den Sternen, in allem, was lebt, über mir und unter mir, von Sonnenaufgang und Sonnenuntergang. Ich danke Dir, dass Du mir Wald und Wiesen, Bach und See geschenkt hast, dass ich beobachten, springen und schleichen kann.

Mögen meine Augen die Schönheit und Weisheit unserer Mutter Natur erkennen, deren Kinder wir alle sind. Mögen meine Ohren die Stimme der Natur hören, die durch die Vögel spricht und das Summen der Insekten, das Rauschen der Bäume, aber auch durch alle Wesen, die keine Töne äußern. Mögen meine Hände und Füße die Dinge achten, die Du erschaffen hast!

Großer Geist, gib uns Herzen, die verstehen: Nie von der Schöpfung mehr zu nehmen, als wir geben; nie mutwillig zu zerstören zur Stillung unserer Gier; nie zu verweigern unsere Hand, wo es gilt, der Erde Schönheit aufzubauen; nie von ihr zu nehmen, wessen wir nicht bedürfen. Deine Weisheit zu erkennen, die in jedem Baum, Blatt, Samen, Grashalm, in jeder Blüte, jedem Tier, in jedem Stein und Erdbrocken verborgen ist.

Hilf mir, dass ich stets die Natur beobachte: In allen meinen Sinnen, mit offenem Herzen, mit Bescheidenheit und Ehrfurcht, und dass ich auf alle Lebewesen Rücksicht nehme, damit ich – wenn mein Leben wie die untergehende Sonne entschwindet – zu Dir gelangen kann, ohne mich schämen zu müssen.

Amen.

Lourdes und die »weißen Frauen«

Eine spezielle Form der Wesen, die dem Volksglauben nach in der Natur leben, sind die sogenannten »weißen Frauen.« Das heißt, dass es neben den Naturwesen, die sich um die Pflanzenwelt kümmern, in vielen einsam gelegenen Berggegenden auch den Glauben an andere, gütige, jedoch scheue Wesen gibt, die ebenfalls dem Naturbereich angehören sollen. Sie leben zumeist in verborgenen Höhlen oder Grotten, lassen sich jedoch von besonders sensiblen Menschen auch sehen. Dabei erscheinen sie menschenähnlich; nur wesentlich kleiner. Dass den Menschen in Lourdes im 19. Jahrhundert die Wesen dieser Art noch sehr vertraut waren, kann man sogar in den ersten Worten Bernadettes bei der Beschreibung der Jungfrau Maria erkennen, worauf ich später eingehen werde. Doch allein schon aus diesem Grund, und weil diese Wesen in den gänzlich abgelegenen pyrenäischen Dörfern vielleicht auch heute noch sichtbar sind, ist es wichtig, uns mit diesen gütigen Wesen, die aus vielen Ländern bekannt sind, näher vertraut zu machen. Dabei stimmen alle Überlieferungen darin überein, dass diese Wesen ein verborgenes, heimliches Leben lieben, Lärm und Geräusch nicht vertragen und in dieser Beziehung von den Menschen »das stille Volk« genannt werden. Neben dieser allgemein üblichen Bezeichnung hat man jedoch den einzelnen Wesen dieses Volkes in den verschiedenen Ländern unterschiedliche Namen gegeben. So wurden sie in Frankreich »Feen«, (Französisch »Fées«) genannt. Die Bezeichnung »Fee« kommt aus der keltischen Mythologie und stammt von dem lateinischen *fatum* (Schicksal) ab. In der pyrenäischen Volksmythologie wurden sie laut dem Buch »Marienorte« als »eras hadas« (die Feen) bezeichnet. Der französische Begriff »Fée« fand erst im 18. Jahrhundert über französische Dichtungen Eingang in die deutschsprachige Märchenwelt und Mythologieforschung.

Die Brüder Grimm haben sich – vor allem im Zusammenhang mit den Einflüssen des Christentums – ausführlich mit dem »Geisterglauben«, wie sie ihn damals gemäß der Zeit nannten, beschäftigt. Da man sie deshalb auch als deutsche Gewährsleute für dieses Thema ansehen kann, gebe ich ihre für uns wichtigsten Erkenntnisse im Folgenden wieder, die sie 1825 in der Einleitung zu ihrem Buch »Irische Elfenmärchen« zusammengefasst haben. Allgemein nannten sie diese Wesen die »Unterirdischen«, wurden in der Einleitung aber präziser:

> »Die schottischen Sagen enthalten den Glauben an ein die ganze Natur unsichtbar erfüllendes, mit den Menschen nah verbundenes Geisterreich am vollständigsten. Die Überlieferungen anderer Länder sind, soweit wir sie kennen, im Ganzen lückenhafter, wenn auch im Einzelnen manchmal ausführlicher; [...] Dagegen ist unsere Absicht, ihn [den Geisterglauben] darzustellen wie etwas, das, solange es fortgedauert hat, ein aus lebendiger Mitte entsprungenes und in seinen Bestandteilen gegenseitig sich begreifendes Ganzes muss gewesen sein. Indem wir [...] den großen Einfluß des Christentums auf Veränderung desselben nachzuweisen bemüht sind, glauben wir der historischen Untersuchung ihr Recht zu erhalten. Die frühesten Spuren von dem Dasein der Elfen aufzusuchen, lag mithin in unserm Zweck, sie haben den noch lebenden Glauben bestätigt, selbst erklärt, oder von ihm Licht empfangen. [...] Der hochdeutschen Sprache für das Wort Elf gebührt die Form alp, er muß von uralter Zeit her gang und gäbe gewesen sein, wobei man dabei nichts Böses noch Gehässiges dachte, denn es wurden eine Menge männlicher und weiblicher Eigennamen damit gebildet. [...] der unhochdeutschen, nie unter dem Volk gebräuchlichen, Wortform Elfen hätten wir uns enthalten, wenn sie nicht von den Dichtern des vorigen Jahrhunderts in Übersetzungen aus dem Englischen, ohne die Eigenart unserer Mundart zu beachten, angenommen und nun einmal eingeführt worden wäre.«

Die Urbedeutung des Namens »alp« soll mit dem lateinischen »albus« (weiß) für einen weiblichen weißen Geist zusammenhängen. Dabei betonen die Brüder Grimm, dass in Deutschland der Begriff der Lichtelfen vorhanden und im Gegensatz zur späteren Zeit sogar der allgemeinere war. Das zeige nicht nur die Verwandtschaft des Wortes mit dem lateinischen »albus«, sondern auch die Tatsache, dass das christliche »engil« ebenso wie früher »alp« zu Namensbildungen gebraucht wurde und sozusagen an seine Stelle getreten ist.

Europaweit findet man immer wieder Berichte von kleinen, »weißen Frauen«, wie sie im Volk genannt wurden. So wussten auch die Brüder Grimm von kleinen weißgekleideten Frauen in den nordischen und serbischen Ländern, die sie Elfinnen nannten, die man aber auch entsprechend der französischen Ausdrucksweise als Feen bezeichnen könnte. Und sie erklärten: »Die Elfen bedürfen einiger zarter Nahrung; erst wenn sie in nähere Verbindung mit den Menschen treten, scheint Verlangen nach gröberer Speise zu entstehen. In Irland schlürfen sie Tautropfen ein; sonst scheint süße Milch ihre eigentümliche Nahrung zu sein. Einen Berggeist in der französischen Schweiz ward jeden Abend ein Napf voll süßer, frischer Nidle (Rahm) auf das Dach des Viehschuppens gestellt und allzeit von ihm geleert.«

Ähnliche Bedürfnisse haben Erzählungen zufolge auch die Feen, die in den Bergen Tirols beheimatet sind, wie es uns die traditionellen Sagen Tirols überliefern. Sie heißen die saligen oder seligen Fräulein und werden auch Wald-, Wild- oder Bergfrauen genannt, die zurückgezogen in verborgenen Höhlen, Grotten oder in hochgelegenen Wäldern wohnen sollen. Sie werden ebenfalls beschrieben als weiße Frauen, die scheu, weise und hilfsbereit sind. In den alten Zeiten, aus denen die Sagen stammen, lebten sie in Felsen- und Gletscherhöhlen und waren menschenscheue Geschöpfe, die armen Bauern und unbeholfenen Menschen halfen und Lärm verabscheuten. So kamen die Saligen oder Feen auch manchmal herab auf die Alm oder ins Tal, wo sie den Menschen bei der Ernte halfen, krankes Vieh gesund machten, den Armen Brot und Äpfel schenkten oder in der Nacht, während die Bauern schliefen, die Garnspindeln auf den Spinnrädern vollspannen. Für sich selbst holten die Saligen von den Kühen Milch, doch das ließen die Menschen zumeist geschehen, da die Milch dadurch nie weniger wurde, sondern sich eher vermehrte. Doch im oberen Vinschgau gab es, wie es in einer Sage überliefert wird, »einen hochmütigen Bauern, der meinte, sein Reichtum wäre allein durch seine persönliche Umsicht und Arbeit entstanden. Nur die alte Magd wusste, dass der Segen den Saligen zu verdanken war, die abends lautlos in ihren dünnen Gewändern in den Stall kamen, um sich Milch zu holen. Die Kühe blieben gesund und gaben mehr Milch als alle anderen Kühe der Umgebung. Als der Bauer eines Tages die fremden Frauen ertappte, wie sie angeblich seine Milch stahlen, jagte er sie erbost davon. Erschrocken flohen die Saligen. Von da an gaben die Kühe des Bauern kaum noch Milch, sie wurden krank, und mit dem Hof ging es bergab. Schließlich musste der Bauer sogar all sein Hab und Gut verkaufen.« Wo die Menschen aber mit den Feen in Frieden lebten, gab es glückliche und fruchtbare Jahre. Und die weißen Frauen sollen auch prophetische Gaben gehabt haben, denn wenn sie ihre weißen Kleider vor den Felshöhlen aufhängten, war das für die Menschen ein Zeichen, dass ihnen schlechte Zeiten bevorstanden.

So gab und gibt es zum Teil immer noch an vielen Stellen der Welt die Vorstellung von »weißen Frauen«, die den Menschen wohl gesonnen waren, ihnen in Not halfen und sich von Milch und manchmal auch Mehl ernährten. Auch in Frankreich weiß man von zwei Orten, an denen schon immer »weiße Frauen« gesehen wurden und beide Orte sind mit göttlichen Erscheinungen verbunden. Der eine Ort ist Bois-Chenu, wo Jeanne d´Arc die göttlichen Stimmen hörte, und der andere ist Lourdes, wo die Unbefleckte Empfängnis erschienen ist. Naturwissenschaftler, die sich mit den energetischen Strahlungen der Erde beschäftigen, vermuten, dass das

Auftreten der »weißen Frauen« auch mit einer besonderen Erdstrahlung verbunden sein kann. Dass es an manchen Plätzen der Erde besondere Erdstrahlungen gibt, hielt auch der Wiener Kardinal Franz König für möglich, wie er 2003 im Vorwort zu dem Buch »Plätze der Kraft in Wien« von Gabriele Buchas schreibt:

> »In den letzten Jahren hörte man wiederholt von Geomantie und Radiästhesie als Hinweis auf solche verborgenen und heute neu zu entdeckenden Kräfte in unserer Erde und unserer unmittelbaren Umwelt. [...] Ein Aufenthalt in China, wo ich von Ärzten in Europa kaum bekannte Zusammenhänge zwischen Krankheit und Heilung erfuhr, hat mich hellhörig gemacht für unsichtbare Kräfte, die in unserer von materiellen Werten bestimmten Welt gar nicht mehr wahrgenommen werden; unsichtbare Kräfte, wie sie auch in dem vorliegenden ›kontemplativen Reiseführer‹ angesprochen werden.«

Zur Radiästhesie, der Wahrnehmung der Erdstrahlen mit Hilfe von Rute und Pendel gibt es eine für uns Christen erhellende Aussage des ehemaligen Erzbischofs von Salzburg, Dr. Karl Berg. Er schreibt 2004 im Vorwort zu dem kleinen Büchlein »Der gute Platz« von der tiefgläubigen und praktizierenden Christin Käthe Bachler, die ich persönlich kennengelernt habe:

> »Sie hat ein besonderes Charisma. Sie kann mit den Instrumenten Rute und Pendel die »guten Plätze« bestimmen und hat schon unzähligen Menschen dadurch sehr geholfen – auch mehreren Priestern und Ordensschwestern unserer Erzdiözese.
>
> Alles Gute kann auch mißbraucht werden, so auch die Arbeit mit Rute und Pendel. Daher warnt die Kirche vor der Benutzung dieser Instrumente zu okkulten Experimenten. [...] Wenn aber ein Christ ganz den

> Willen Gottes tun will, sich bei der radiästhetischen Arbeit durch das Gebet schützt, wenn er diese Instrumente also nur im natürlichen Bereich – für Werke der Liebe – z. B. zur ›Brunnensuche‹ oder zur ›Wohnungsuntersuchung‹ verwendet, so ist diese Arbeit auch von der Kirche gutgeheißen. (Dekret vom 26. März 1942)«

Und er empfiehlt die Lektüre der Bücher von Käthe Bachler wärmstens.

Da die Volksmythologieforschung herausfand, dass das baskische Brauchtum auch in unserem Jahrhundert in den entlegenen Gebirgsdörfern der Pyrenäen noch lebendig ist, gibt es ausführliche Beschreibungen zu den »weißen Frauen«, die im 19. Jahrhundert auch im beschaulichen Lourdes den Menschen vertraut waren. Nach dem überlieferten Glauben soll es sich um eine vergessene Bevölkerung gehandelt haben oder um die Ahnen der ansässigen Bewohner. Sie zeigten sich in Steinen, Grotten und Höhlen und sind dem Volk als wohlwollende Helferinnen in guter Erinnerung. In der pyrenäischen Volksmythologie hießen sie »Dama blanca« (weiße Frau) oder einfach nur »dama«, aber auch »hada« (Fee). Die Menschen bezeichneten sie als wohlwollend und hilfreich. Fragte man die Bewohner der Dörfer, so sagten sie, dass die »hadas«, die sie auch die »Wilden« oder »kleinen Leute« nannten, Menschen waren wie sie, und sie erschienen immer als weibliche Wesen mit gutmütigem Charakter, oft mit Schwimmhäuten an den Füßen. Sie waren ganz in Weiß gekleidet und eng verbunden mit dem Vollmond, mit Milch oder mit anderen weißen Dingen wie Mehl oder weißem Marmor. Früher soll es sogar Brauch gewesen sein, dass diese Feen in der Nacht vom 31. Dezember auf den 1. Januar die Häuser besuchten. Dafür wurden vorher die Zimmer gereinigt und der Tisch mit Essen für die »weißen Frauen« gedeckt. Das brachte für das Haus mit all seinen

Bewohnern und auch für die dazu gehörenden Felder einen großen Segen. Diese hadas sind die bedeutsamsten Gestalten der pyrenäischen Volksmythologie. Und wenn sie den Menschen erschienen, erschienen sie ihnen als »weiße Frau« oder »Dama blanca« – was uns wieder an Bernadette erinnert.

Was die »weißen Frauen« in Lourdes aber von den Feen in den anderen Gegenden unterscheidet, waren die Schwimmhäute an ihren Füßen. Doch mit solchen Vorkommnissen haben sich schon die Brüder Grimm beschäftigt: »Merkenswert ist eine Übereinstimmung. In dem irischen Märchen von der Flasche erscheint der Elf ganz in sein Kleid gewickelt, damit man seine Füße nicht sehen kann; eine Schweizersage erzählt, daß die Zwerge in langen Mäntel dahergetrippelt waren, die ihre Füße ganz bedeckt hätten. Neugierig streute einer Asche und findet, daß ihre Füße platt sind wie Gänsefüße, wiewohl diese eigentlich nur Wasserelfen zuzugehören scheinen [...]« Auch wenn solche Beobachtungen anscheinend häufiger gemacht wurden, irritiert die Erwähnung der Schwimmhäute an den Füßen der »weißen Frauen« in Lourdes selbst Menschen, die grundsätzlich von der Existenz dieser Wesen überzeugt sind. Das Beispiel der Nixen, die einen mädchenhaften Oberkörper besitzen, der in einer Schwimmflosse endet, kann vielleicht etwas Licht auf diese Schwimmfüße werfen, denn in der Märchenforschung nimmt man an, dass der Fischkörper versinnbildlichen soll, dass sie schwer zu fassen sind und stets entgleiten. So können die Schwimmhäute an den Füßen der »weißen Frauen« in Lourdes auch ein Symbol sein, entweder dafür, dass sie auf dem Land und im Wasser zuhause sind oder sogar ein irdisches Erkennungszeichen. Denn da es aus den alten Erzählungen nicht erkennbar ist, um was für einen Schwimmvogelfuß es sich bei den Schwimmhäuten handelt, möchte ich eine andere Erklärung hinzuziehen, die Louis Charpentier in seinem Buch über den Jakobsweg erörtert. Darin berichtet er, dass der Schwimmfuß im Zusammenhang mit den alten Völkern, die vom Meer kamen und den Jakobsweg ursprünglich initiiert haben sollen, ein wichtiges Zeichen darstellte. So trugen die berühmten Steinmetze der Pyrenäen als ihr Zeichen den Gänsefuß, wie es manche Pyrenäenbaumeister noch bis in die Renaissance hinein taten. Dabei tauchte die Gans, die ein Schwimmvogel ist, auf dem Weg nach Compostella sogar immer wieder auf. Doch Louis Charpentier räumt ein, dass es sich vielleicht gar nicht so sehr um die Gans im engeren Sinne handelte, sondern um den Schwimmvogel als solchen. Zum Jakobsweg, den er als einen alten Weg der Wissenden wiederentdeckt hat, schreibt er: »In geheimnisvoller Weise steht er mit den ›Völkern‹ vom Meer in Zusammenhang, die aus dem Westen kamen und ein gemeinsames Symbol besitzen: den Schwimmvogel, die Gans oder den Schwan, die durch den Schwimmfuß, den Gänsefuß, den ›pé d´auque‹ des Mittelalters dargestellt werden.« Diese Völker vom Meer waren die Urbasken, wie ich bereits ausgeführt habe, und vielleicht gibt es diesen Zusammenhang zwischen ihnen und den »weißen Frauen« in den Pyrenäen, vor allem, da die pyrenäische Bevölkerung baskischen Ursprungs ist und die »weißen Frauen« entsprechend den alten Erzählungen auch Erscheinungen der Ahnen sein konnten.

Bereits Anfang des 19. Jahrhunderts berichteten die Brüder Grimm von einem großen Auszug dieses stillen Volkes: »Allgemein verbreitet, und auch am wahrscheinlichsten durch Einführung des Christentums entstanden, sind die Sagen von dem allmählich näher rückenden Verschwinden der Elfen. Nicht bloß entfernen sie sich von dem Geräusch und geschäftigen Treiben der Menschen, sondern es erfolgt ein großer Auszug der Unterirdischen. Manchmal wird erzählt, daß zum Andenken oder aus Dankbarkeit für das von den Menschen genossene Gute, jeder ein kleines Stück Geld von altem Gepräge in eine hingestellte Schüssel gelegt habe.« Und damit verbunden war eine große Trauer, sowohl bei den »Unterirdischen« als auch bei den Sterblichen.

Die Brüder Grimm beendeten ihre Ausführungen über diese stillen, hilfsbereiten Wesen mit einem Resümee, das auch uns – besonders in der heutigen Zeit – sehr nachdenklich stimmen kann. »Wir schließen diese Betrachtungen mit folgender, aus ihnen zugleich hervorgehender. Der Glaube an Elfen und Geister hat in Europa dem Christentum lange voraus bestanden. Die Lehrer des neuen Glaubens suchten die tiefgewurzelten heidnischen Ideen und Gebräuche des Volkes dadurch zu bekämpfen und zu vertilgen, daß sie solche als sündlich und im Zusammenhang mit dem Teufel darstellten. Dadurch nahmen allmählich viele ursprünglich heitere Mythen und Volkslustbarkeiten eine finstere, gemischte und zweideutige Farbe an. […] Auch hat das Volk die unschuldige Ansicht seiner alten Meinungen sich nie völlig abgewöhnen lassen, es sind selbst, wie wir darzutun bemüht waren, in den Legenden, Gebräuchen und Festen der christlichen Kirche einzelne Züge und Bilder aus dem Heidentum unvermerkt aufgenommen worden. Doch im Ganzen hat sich der Gesichtspunkt und die Beurteilung jener uralten Überlieferungen im Sinne des gemeinen Mannes getrübt. Zu der Scheu des Geisterhaften ist auch die des Sündlichen und Teuflischen getreten. Er meidet das stille Volk, wie man etwa einem Ketzer aus dem Wege geht«. Diese Ausführungen beziehen sich wohl vor allem auf die verbreitete Ansicht Martin Luthers, der in Naturwesen Dämonen sah, die vom Teufel geschaffen wurden.

Warum erschien die Jungfrau Maria in Lourdes?

Nun haben uns die Naturwesen und die »weißen Damen« von Lourdes direkt aus der alten Zeit in das 19. Jahrhundert geführt, doch die Frage, wie es dazu kam, dass Maria im 19. Jahrhundert gerade in Lourdes erschienen ist, kann nicht allein aus geistlicher oder mythologischer Sicht beantwortet werden, sondern bedarf auch einer irdischen Komponente. Denn ein so großer göttlicher Einbruch in das Geschehen der Erde wie die Erscheinung der Unbefleckten Empfängnis in Lourdes wird nicht nur im geistlichen Bereich sehr lange vorbereitet, sondern benötigt einige irdische Vorbereitungen. Dieser irdische Teil führt zunächst noch einmal zurück ins Jahr 778 in der baskischen Geschichte. Es war das Jahr, in dem die Truppen des fränkischen Königs Karl des Großen von den Basken am Pass von Roncesvalles zwar geschlagen wurden, es dem König kurze Zeit später jedoch gelang, die Region der Gascogne, zu der Lourdes gehörte, erneut zu unterwerfen, so dass er sich in diesem Gebiet aufhalten konnte, wo er wollte. Und der göttliche Wille führte ihn im selben Jahre nach Lourdes, wo er im Sinne Gottes eine wichtige Angelegenheit lösen sollte, die die Burg betraf, die auf einem 42 Meter hohen Felsen die Ebene überragte. Dieser Felsen war bereits seit Jahrhunderten von mehreren Völkern genutzt worden. Schon die Gallier hatten dort aufgrund seiner herausragenden Lage eine Festung errichtet. Danach folgten erste Ansiedlungen und weitere Befestigungen durch die Römer, wie aufgrund von Münzfunden, Mauerresten und Grabdenkmälern nachgewiesen werden konnte. Während der Zeit der Völkerwanderungen waren es im 5. Jahrhundert die Vandalen und die Westgoten auf ihrem Weg nach Spanien, die sich in der Festung niederließen. Der hochragende Fels mit seiner Burg spielte dreihundert Jahre später außerdem eine wichtige Rolle in einer kriegerischen Auseinandersetzung, die mit dem Eindringen der Sarazenen aus Spanien weit in das fränkische Gebiet hinein zusammenhing. Karl Martel konnte im Jahre 732 bei Tours und Poitiers die Sarazenen zwar besiegen, doch auf ihrem Rückzug besetzten sie die Burg von Lourdes, die ihnen von da an eine wichtige Zufluchts- und Verteidigungsstätte wurde.

Im Jahre 778 versuchte Karl der Große die Sarazenen aus dieser Burg zu vertreiben. Begleitet wurde der sehr fromme Karl auf seinem Feldzug gegen die Mauren von dem Bischof des damals bedeutendsten Marienheiligtums von Anis in Le Puy. Dieses Heiligtum hatte Karl der Große bereits im Jahre 772 besucht, wohl um die Muttergottes um ihren Beistand für seinen Feldzug zu bitten, und er besuchte es ein zweites Mal im Jahre 800, wohl um Maria seinen Dank für die folgenden Ereignisse abzustatten, die die Burg für die nächsten 1.000 Jahre zum Zentrum der marianischen Geschichte in Lourdes machten.

Die damit verbundenen Vorgänge belegen alte Aufzeichnungen, die wir einem Rechtsanwalt aus Bordeaux zu verdanken haben, wie es der Benediktinerpater Odilo Flagel in dem kleinen Büchlein »Lourdes« kurz beschreibt: »Der unerschrockene Rechtsanwalt Brejon aus Bordeaux in Frankreich war während der Kirchenverfolgung zu Beginn des 20. Jahrhunderts ein ebenso unentwegter wie erfolgreicher Verteidiger des heiligen Glaubens. Seine Mutter, dem Tode nahe, hat in Lourdes durch ein Wunder die Gesundheit wiedererlangt. Aus Dankbarkeit verfolgte der große Verehrer Marias ein Gerücht über die Vorgeschichte Lourdes. 1926 hat er als Ergebnis seiner eingehenden Forschungen ein Buch herausgegeben: ›Unsere Liebe Frau von Lourdes vor den Erscheinungen 1858, ein Kapitel der Geschichte, das in Vergessenheit geraten ist.‹ Ein Auszug aus dieser ausführlichen Arbeit ist 1932 bei Schöningh, Paderborn, erschienen: ›Warum in Lourdes?‹ von Leo Gommenginger.« Das Heft ist inzwischen vergriffen, doch zwei alte Schriftstücke mit seinen Erklärungen wurden in dem Büchlein »Die schönsten Mariengeschichten« Nr. 12 abgedruckt, dem ich sie entnommen habe. Aus Hochachtung vor diesen alten Quellen gebe ich beide Schriftstücke mitsamt der Einleitung ungekürzt wörtlich wieder.

> »Das erste Schriftstück ist die erste Aufzeichnung der alten Überlieferungen von Lourdes, die ein Mönch wahrscheinlich im 13. Jahrhundert gesammelt hat. Diese Pergamentaufzeichnung befindet sich im Archiv der Stadt Pau und es besteht kein Grund, den geschichtlichen Kern der Erzählung zu bezweifeln, wenn auch einige dichterische Ausschmückungen vielleicht dazugekommen sind.

Das erste Schriftstück

> Als Karl der Große seine Eroberungen gegen Spanien hin fortsetzte, hatte er schon die ganze Grafschaft Bigorre mit Ausnahme des Schlosses Mirambel, das jetzt Lourdes heißt, eingenommen. Der Herr dieser Festung, namens Mirat, ein Sarazenenfürst, wollte sich keinem sterblichen Menschen ergeben, solange er das Schloß, das von drei Seiten her von Karl belagert war, auch nur noch einen Tag lang halten konnte. Karl, einer so langen Belagerung überdrüssig, wollte sie schon aufgeben, als der Bischof von Le Puy ihn ermahnte, seine Zuflucht zu Unserer Lieben Frau von Le Puy zu nehmen und ihre Hilfe anzurufen. Da begann unsere Liebe Frau ihre Wunder zu wirken. Ein Adler brachte einen großen lebenden Fisch auf den höchsten Punkt des Schlosses, den man noch den »Adlerstein« heißt. Mirat nutzte das Ereignis zu seinen Gunsten aus; er sandte den Fisch dem König und ließ ihm sagen, daß die Lebensmittel des Schlosses noch lange

nicht erschöpft seien, wie der König glaube, da man im Schloßweiher noch solche Fische fange. Der König war darüber erzürnt, aber der Bischof von Le Puy, dem alles klar war, versicherte ihm, Unsere Liebe Frau fange an, ihre Wunder zu wirken. Er bat den König, ihm eine Unterredung mit Mirat zu gestatten, was der gern gewährte. ›Mirat‹, begann der Bischof, ›wenn du dich dem großen Karl nicht ergeben willst, dem mächtigsten Herrn der Welt, so ergib dich wenigstens der erhabensten und edelsten Frau, die es jemals gab, der Mutter Gottes, die in Le Puy verehrt wird. Wenn du keinen Herrn anerkennen willst, erkenne wenigstens eine Herrin an. Ich bin ihr Diener, werde du ihr Ritter!‹ Mirat, bereits vom Gnadenstrahl getroffen, erwiderte darauf: ›Ja, ich strecke die Waffen und ergebe mich mit allem, was ich habe, der Mutter des Herrn, Unserer Lieben Frau von Le Puy. Zu ihrer Ehre will ich Christ und Ritter werden. Aber ich will es nur aus freien Stücken tun und stelle die Bedingung, daß meine Grafschaft keinem anderen Herrn als nur ihr allein unterworfen sei. Das soll gelten für mich und alle meine Nachkommen.‹ Als Pfand seines Wortes gab er dem Bischof eine Handvoll Gras oder Heu von dem Boden, auf dem sie sich gerade befanden. Der fromme König war hocherfreut, daß ein ungläubiger Fürst sich der Königin der Gläubigen ergeben wolle. Er hob die Belagerung auf, und Mirat zog mit seinen Mannen, die alle ein Heubüschel an der Spitze ihrer Lanze trugen, nach Le Puy. Dort angekommen, bestreute er den Boden der Kirche mit dem mitgebrachten Heu und ließ sich mit seinem ganzen Gefolge taufen. Bei der Taufe nahm er den Namen Lordus an, welcher später auf das Schloß überging (Lourdes).

Seit der Zeit des Mirat oder Lordus sind alle Grafen von Bigorre, seine Nachfolger, sobald sie zur Herrschaft gelangten, mit einem Teil ihres Adels zu Unserer Lieben Frau von Le Puy gepilgert, und zwar in der

> gleichen Weise wie Mirat selbst, nämlich mit Heubüscheln an der Spitze ihrer Lanzen, um damit den Boden der Kirche zu bestreuen. Dieser Brauch bestand bis zum Grafen Centullus, d.h. von ungefähr 800, der Zeit der Regierung Karls des Großen, bis zum Jahre 1118, da Centullus die Heubündel in eine Summe von 60 Sols Morlaas umwandelte, die er und seine Nachfolger jährlich zu entrichten hatten.«

Dieses geschichtliche Ereignis hat seinen Niederschlag im alten Wappen von Lourdes gefunden, denn es zeigt die Burg mit drei Türmen und auf dem mittleren Turm sieht man den Adler mit einem Fisch in seinem Schnabel. An dieser Stelle möchte ich zum besseren Verständnis dieser alten Urkunde noch zwei Ergänzungen einfügen. Die erste betrifft die Grafen, von denen am Ende des Textes die Rede ist, denn erst zu Beginn des 9. Jahrhunderts schuf Loup Centulle, der Herzog der Gascogne, für seinen Sohn Donat Loup, der mit der aquitanischen Prinzessin Faquilène verheiratet war, die Grafschaft Bigorre in der im Südwesten Frankreichs liegenden Region Gascogne. Der Name der Landschaft kam von den antiken *Bigerrionen* oder *Bigerriones*, wohl von baskisch »ibaigorri«, was so viel wie roter Fluss, also »Rotfluss« oder »Rotbach« heißt. Zu den wichtigsten Gemeinden Bigorres gehörte neben Tarbes auch Lourdes.

Die zweite Ergänzung meinerseits betrifft die Kirche von Anis im damaligen Le Puy. Le Puy, heute Le Puy-en-Velay in der Auvergne, dessen Entfernung zu Lourdes circa 500 Kilometer beträgt, gehört seit dem 5. Jahrhundert zu den ältesten Marienwallfahrtsorten Frankreichs. Von hier aus verbreitete sich die Marienverehrung in ganz Frankreich und Spanien. Könige, Fürsten und ganze Heerscharen frommer Pilger zogen in die »Stadt der Heiligen Jungfrau«. Später wurde die Kathedrale von Le Puy der Ausgangspunkt für den Pilgerweg nach Santiago de Compostela und im Mittelalter war die Kathedrale Notre Dame du Puy das beliebteste Pilgerziel in ganz Frankreich. Sie ist der Unbefleckten Jungfrau geweiht.

Obwohl es vor dem 5. Jahrhundert in Le Puy bereits einen Bischof gegeben hatte, war das Volk zu dieser Zeit und über viele weitere Jahrhunderte noch tief im matriarchalen Glauben verwurzelt, der im ganzen südfranzösischen Raum lebendig war. Nur wurde in Le Puy aufgrund seiner Landschaftsstruktur, die von zwei erloschenen Vulkanen geprägt war, eine schwarze Ahnfrau verehrt, die schwarze Göttin Ana. Deshalb hieß der breitere Vulkanberg Corneille, der als ihr Berg bezeichnet wurde, Anis, und verehrt wurde sie dort vor allem in einem Dolmen (»dol« = Platte; »men« = Stein) mit einer schwarzen Steinplatte. Da der schwarze Aspekt der Ahnfrau, wie bereits erwähnt, Transformation und damit auch Heilung bedeutete, legten sich die Menschen auf die schwarze Steinplatte, um von Krankheiten geheilt zu werden, was auch geschah. Diese matriarchale Tradition nutzte im frühen 5. Jahrhundert die Jungfrau Maria, wie es eine Sage aus der Auvergne überliefert hat, die in dem Buch »Marienorte« wiedergegeben wird. Eine Witwe in der Umgebung von Le Puy, die lange Zeit an einem hartnäckigen Fieber gelitten hatte, wurde von Maria im Traum aufgefordert, sich auf den Hügel von Anis zu begeben und auf dem schwarzen Stein zu schlafen, der seit dieser Zeit »Pierre des Fièvres«, Fieberstein genannt wird: »Die Kranke gehorchte, und nach einem geheimnisvollen Schlaf wurde sie sofort gesund. Danach begab sie sich zum ersten Bischof von Le Puy und verkündete ihm den Wunsch der Gottesmutter, auf dem Berg Anis verehrt zu werden. Der Bischof suchte den Berg auf und fand, obwohl es mitten im August war, seine Spitze von dichtem Schnee bedeckt. Er bemerkte einen Hirsch, der im Davoneilen mit seiner Fußspur den Umriss einer Kirche im Schnee hinterließ. Da der Bischof zunächst nicht über genügend Mittel verfügte, eine Kirche zu erbauen, ließ er den mysteriösen Platz mit einer Dornenhecke einzäunen. Am nächsten Tag stand diese Hecke in vollster Blüte.« Die anschließende Errichtung eines Schreins auf dem Berg Anis gilt als Christianisierung dieser alten Stätte. Heute spricht man mit Hochachtung von diesem legendären frühen Schrein, der unzählige Menschen anzog und vor der Gründung der frühen Kirche Unserer Lieben Frau von Le Puy im Jahre 430 errichtet worden war und dann zum Altar wurde. Zur Verehrung dieses heiligen Bildnisses wurde im Mittelalter auf Anordnung des Grafen von Toulouse ein ewiges Licht davor aufgestellt. Doch 1254 soll der heilige Ludwig von einer seiner Reisen in den Süden eine schwarze Madonna, die ihm als Geschenk überreicht worden war, nach Le Puy gebracht haben, die von da an anstelle des heiligen Bildnisses der weißen Jungfrau Maria verehrt wurde. Die Steine des Dolmens auf dem Corneille waren bereits im 10. Jahrhundert zum Bau der Michaelskirche auf dem zweiten Kraterberg Aiguilhe verwendet worden, so dass nur noch die schwarze Steinplatte – der Fieberstein – übrigblieb, die weiterhin unzählige Pilger anzog, da sich ihre heilende Kraft herumgesprochen hatte. Sie konnte niemals zerstört werden und hat heute einen Ehrenplatz in einer eigenen Seitenkapelle links neben dem Hauptaltar.

> »Das zweite Schriftstück ist die erste geschichtliche Urkunde aus dem Jahr 1062. In ihr ist festgelegt, daß Graf Bernhard I. nicht nur das Schloß Lourdes, sondern von jetzt ab die ganze Grafschaft Lourdes (auch Bigorre genannt) der Gottesmutter für ewige Zeiten als Lehensgut übergibt.
>
> ### *Die Urkunde*
>
> Da die Welt einem häufigen Ruin unterworfen ist, wie es in der Natur der menschlichen Dinge liegt, welche ihrem Wesen nach vorübergehend und unbeständig

sind, so hat mich das Gefühl meiner menschlichen Gebrechlichkeit bewogen, nicht nur über den letzten Tag, der meinen unvermeidlichen Tod schauen wird, sondern auch über die Tage, die ich gegenwärtig zu leben habe, und über meine und der Meinigen Angelegenheiten ernstlich nachzudenken. Von diesem weisen Gedanken beseelt, habe ich, Graf, nicht durch meine Verdienste, sondern durch die Barmherzigkeit Christi von Gott Selbst – Er verfügt über alle Throne der Welt – mit der Grafschaft Bigorre belehnt, gegenwärtige sehr nützliche Verfügungen getroffen, nämlich die ganze obengenannte Grafschaft Gott dem Allmächtigen anzuvertrauen und mich selbst, wie auch alles, was von mir abhängig ist, dem Schutze und der Fürsorge der allerseligsten Jungfrau Maria zu empfehlen. Darum bin ich, Bernhard, Graf von Bigorre, in diesem Jahr 1062 der Menschwerdung des Herrn, da Petrus Bischof der Kirche von Anis ist, in der genannten Kirche erschienen, um zu beten und um Gebete für das Heil meiner Seele und meines Leibes zu bitten. In Gegenwart der versammelten Kanoniker habe ich mich also in ihr immerwährendes Gebet empfohlen, und ich habe meine Person und die Gesamtheit meiner Grafschaft der Kirche von Anis, die der unbefleckten Jungfrau Maria geweiht ist, übergeben, damit die gütige Königin des Himmels, die Herrin der ganzen Welt, die Trösterin der Betrübten und Retterin der Sünder, mich, ihren Diener, und alles, was mir unterworfen ist, beschirme, verteidige und befestige. Ich verpflichte mich, während des ganzen Lebens, das mir der allmächtige Gott nach seinem Wohlgefallen schenken wird, der Kirche von Anis für mein Heil und meine Rettung als immerwährenden Vasallenzins sechzig Sols zu entrichten, die ich meinen Brüdern, den Kanonikern, die das Kapitel bilden, entweder selbst aushändigen werde oder werde aushändigen lassen.

Ich verpflichte nicht nur mich selbst, sondern zugleich meine ganze Nachkommenschaft, die verpflichtet sein soll, diese Vasallenschaft zu achten und auf immerwährende Zeiten zu meinem Gedächtnis und als Lehensschuld die genannten sechzig Sols zu entrichten. Um diese im Geist der Frömmigkeit und Religion vollzogene Schenkung zu einer unwiderruflichen und immerwährenden zu machen, habe ich, Bernhard, Graf von Bigorre, mit meiner Gemahlin, der Gräfin Clementia, gebeten, die vorliegende Urkunde auszufertigen zum Beweis der genannten Schenkung, und wir haben sie, damit sie unverletzlich sei, mit unserer eigenen Unterschrift bestätigt und bekräftigt. Sollte jemand aus uns oder unserer Nachkommenschaft, oder wer auch immer unser Nachfolger in dem Grafentitel sei, mit dem Gott uns beehrt hat, es wagen, diese Schenkung zu mißachten, so sei er verflucht und unserem dauernden Fluche verfallen, bis er seinen Fehler wieder gutgemacht und Gott und der allerseligsten Jungfrau Maria, sowie der Kongregation der Kanoniker Sühne leistet.«

Gezeichnet: Bernhard von Bazilliac, Wilhelm von Aster, Arnold Wilhelm (Zeugen).

Das ist bedeutsam: Der unbefleckten Jungfrau, der Herrin der ganzen Welt, hatte Graf Bernhard I. von Bigorre die ganze Grafschaft Lourdes geweiht! Denn so wurde die Jungfrau Maria, die Unbefleckte Empfängnis, bereits in dieser frühen Zeit die Herrin der gesamten Grafschaft Bigorre. Und diesem Gebot des Grafen Bernhard von Bigorre gehorsam, wurde auch in den folgenden Jahrhunderten von den jeweiligen Grafen der festgelegte Tribut an die Marienkirche in Le Puy entrichtet. Als zu Beginn des 14. Jahrhunderts König Phillip IV. der Schöne Lourdes und Bigorre unter die französische Krone brachte, war auch er zu der Bedingung bereit, dem

Domkapitel von Le Puy jährlich einen Tribut zu entrichten. Die nachfolgenden Könige von Frankreich bezahlten diesen Tribut ebenfalls. So blieb die Jungfrau Maria also weiterhin die Herrin des Landes von Lourdes und Bigorre – und zwar bis zur Französischen Revolution. Als danach der alte Zustand der Bischofssitze wiederhergestellt war, unterblieb jedoch die Zahlung durch den Staat. Damit fiel die Pflicht rechtlich auf das Volk zurück und die Bürger von Lourdes unternahmen zum 1827 neu errichteten Bischofssitz von Le Puy im Jahre 1829 zum letzten Mal eine Huldigungsfahrt nach Le Puy und brachten die ursprüngliche Huldigung durch »Blumen und Gras vom Felde des Grafen« dar. Von da an begann die 30-jährige Verjährungspflicht, innerhalb der der rechtliche Besitzer seine irdischen Rechte auf Lourdes noch geltend machen konnte. Demnach wären nach geltendem französischem Recht also 1859 die Rechte der Kirche von Le Puy, die wie gesagt, der Unbefleckten Jungfrau geweiht war, erloschen. Doch in Le Puy blieb man nicht untätig, denn am 8. Dezember 1854, am Tag der Verkündigung des Dogmas der Unbefleckten Empfängnis Mariens, fand die Grundsteinlegung für eine 835 Tonnen schwere Madonna oberhalb der Kathedrale auf dem Berg Corneille statt. Die Weihe wurde am 12. September 1860 zelebriert. Und ein Jahr vor Ablauf der Frist erschien die Unbefleckte Empfängnis persönlich in Lourdes und nahm gleichsam Besitz von ihrem Eigentum, um es zu einem Heiligtum der ganzen Welt zu machen. So war es Dank der Opferbereitschaft der Grafen von Bigorre, der Könige von Frankreich und des Volkes von Lourdes der Unbefleckten Jungfrau möglich, über 1.000 Jahre hinweg die Schenkung von Lourdes sorgsam zu behüten.

Die Erscheinung der Immaculata in der Rue de Bac in Paris

Bereits im Jahre 1830, also ein Jahr nach der letzten Huldigungsfahrt der Bürger von Lourdes nach Le Puy, erschien als weitere irdische Vorbereitung die Jungfrau Maria persönlich auf Erden und zwar in der Rue de Bac in Paris. Mit dieser Erscheinung der Muttergottes als Maria Immaculata begann das »Marianische Zeitalter«, da sich die Erscheinungen Marias fortsetzten, zunächst 1848 in La Salette, dann 1858 in Lourdes und später in anderen Orten. Bis zum heutigen Tag gibt es unzählige Erscheinungen der Muttergottes auf der ganzen Welt, in denen sie die Menschen immer wieder eindringlich zu Umkehr, Buße und Gebet aufruft, wie sie es bereits in La Salette und in Lourdes getan hat.

In der Rue de Bac war es die Vinzentiner-Novizin Katharina Labouré, geboren 1806 als neuntes von elf Kindern im Burgund, der wenige Monate nach ihrem Eintritt ins Kloster in der kleinen Kapelle des Mutterhauses in der Rue de Bac in Paris in der Nacht vom 18. auf den 19. Juni die Heilige Jungfrau erschienen war. Sie sprach zu Katharina nicht nur über einen besonderen Auftrag, sondern deutete auch jene Ereignisse an, die acht Tage später als liberale Revolution Paris erschütterten. Als die junge Ordensschwester ihrem Beichtvater von dieser Vision berichtete, schenkte er ihr keinen Glauben.

Bei der zweiten Erscheinung am 27. November 1830, während Schwester Katharina vor dem Altar im Gebet kniete, erschien ihr die Muttergottes als »Maria Immaculata« gleichsam in Form eines Bildes. Die Madonna war mit einem weiß schimmernden Schleier bedeckt und trug einen hellblauen Umhang. In großer Schönheit stand sie auf der Erdkugel, unter ihren Füßen die Schlange, der sie den Kopf zertrat. Die Hände hielt sie seitlich ausgestreckt nach vorne und an ihren Fingern sah Katharina herrliche Edelsteine, von denen so leuchtende Strahlen ausgingen, dass die ganze Gestalt Marias in hellstes Licht gehüllt wurde. Doch sie sah an den Händen der heiligen Jungfrau auch Edelsteine, von denen keine Strahlen ausgingen. Maria sagte zu Katharina: »Die Strahlen aus meinen Händen sind das Sinnbild der Gnaden, die ich über jene ausgieße, die mich darum bitten. Aber man bete, bete! Die Edelsteine, die keine Strahlen aussenden, versinnbildlichen jene Gnaden, die man zu bitten versäumt.« Dann bildete sich um die Jungfrau ein ovaler Rahmen, auf dem in goldenen Buchstaben die Worte standen: »O Maria, ohne Sünde empfangen, bitte für uns, die wir zu dir unsere Zuflucht nehmen!« Gleichzeitig hörte die Schwester die Worte: »Lass nach diesem Vorbild eine Medaille prägen! Alle, die sie tragen, werden große Gnaden erlangen. Überreich werden die Gnaden für jene sein, die sie mit Vertrauen am Halse tragen.« Dann wendete sich das Bild und die Schwester sah, wie die Rückseite der Medaille aussehen sollte: Ein M (Maria) von einem Kreuze überragt, das auf einem Querbalken ruht. Darunter das Herz Jesu von einer Dornenkrone umgeben und das Herz Mariens, von einem Schwert durchbohrt. Um das Bild war ein Kranz aus zwölf Sternen sichtbar. Wiederum berichtete die junge Novizin das Erlebte sofort dem Spiritual des Klosters, ihrem Beichtvater Pater Aladel, der das Ganze jedoch als eine »Täuschung und phantastische Träumerei« ansah. Daraufhin erschien die Jungfrau Maria der Schwester Katharina ein drittes Mal und wiederholte ausdrücklich ihren Auftrag, die Medaille prägen zu lassen und sie weltweit zu verteilen.

Erst zwei Jahre später trug Pater Aladel auf Drängen diese Angelegenheit dem Erzbischof von Paris vor, der schnell erkannte, dass es sich nicht um ein Trugbild handelte. Und so ließ er die Erscheinungen von einer Kommission gründlich prüfen. Diese kam zu einem positiven Ergebnis und so durften die ersten Medaillen auf Empfehlung des Erzbischofs de Quelen geprägt und verteilt werden.

Bereits in den ersten zehn Jahren der damals so sehr bedrängten Zeit wurden um die 80 Millionen Medaillen geprägt und fanden weite Verbreitung. Schon in der allerersten Zeit gab es eine große Zahl von auffallenden Bekehrungen, Krankheitsheilungen und Hilfen in allen nur denkbaren physischen und seelischen Anliegen, so dass die Medaille im Volksmund bald nur noch die »Wunderbare« oder »Wundertätige Medaille« genannt wurde. Bis 1836 waren bereits über fünfzehn Millionen (!) Medaillen auf der ganzen Welt verteilt worden, 1842 waren es schon 100 Millionen. 1845 erhoben die US-amerikanischen Bischöfe die »Maria Immaculata« sogar zur Patronin ihres Landes. Und 1876, als Katharina Labouré starb, waren es mehr als eine Milliarde Medaillen. Der Siegeszug der wundertätigen Medaille geht weiter und die wunderbaren Bekehrungen und Heilungen halten an. Doch darf die wundertätige Medaille nicht als Talisman betrachtet werden, sondern das Versprechen der Heiligen Jungfrau fordert von den Menschen, die sie tragen, Demut und Liebe zu Gott, und einen entsprechenden Lebenswandel, wie sie es bei ihrer zweiten Erscheinung zu Katharina Labouré gesagt hat.

Währenddessen lebte Schwester Katharina unerkannt inmitten ihrer Arbeit und ihrer Mitschwestern, und verteilte dabei unentwegt die Wunderbare Medaille. Nur ihre Oberin, ihr Beichtvater und der Erzbischof von Paris wussten vom Auftrag der Gottesmutter, der an sie ergangen war. Am 31. Dezember 1876 starb Schwester Katharina Labouré im Alter von siebzig Jahren und ihr Leichnam wurde in einem Kellergewölbe unter jener Kapelle beigesetzt, in der sie 47 Jahre lang gebetet hatte. Als 1933 Kardinal Verdier im Hinblick auf ihre Seligsprechung ihr Grab öffnen ließ, stellten die anwesenden Ärzte und weitere Zeugen erstaunt fest, dass Katharinas Leib unversehrt war, obwohl er 56 Jahre in einem feuchten Grab gelegen hatte. Selbst die Augen der Toten hatten ihre blaue Farbe behalten. Daraufhin legte man ihren Leib in einen Glasschrein, der noch heute in der Kapelle in der Rue de Bac steht, wie auch der unverweste Leib Bernadettes im Kloster in Nevers zu sehen ist. Am 27. Juli 1947 wurde Katharina Labouré von Papst Pius XII. heiliggesprochen. Die Heiligsprechung Bernadettes durch Papst Pius XI. fand am 8. Dezember 1933 statt, im selben Jahr, in dem auch die Unversehrtheit des Leibes von Katharina Labouré festgestellt wurde. Dies sind bedeutsame Parallelen.

Die geistige Situation im 19. Jahrhundert in Frankreich und Lourdes

Die große Bedeutung der Erscheinungen der Jungfrau Maria in dieser Zeit des 19. Jahrhunderts kann man nur erahnen, wenn man weiß, dass es besonders für das religiös fühlende französische Gemüt eine äußerst schwere Zeit war, da die rein materialistisch ausgerichtete Naturwissenschaft, für die nur das Sichtbare und das Messbare existieren, begonnen hatte, das Denken der Menschen zu bestimmen.

Eine sehr berührende poetische Beschreibung dieser Zeit fand ich in einem sehr alten Büchlein ohne Datum, welches ich in einem Antiquariat entdeckte. Es ist ein Aufsatz von Hermann Platz mit dem Titel: »Zur Vorgeschichte der metaphysischen Ausbruchsbewegung in der neuesten französischen Literatur«. Er bezieht sich auf die Glaubenskrise im Frankreich dieser Zeit und ihre Auswirkung auf die literarische Welt, die einen Spiegel der Gesellschaft bildet. Dabei hat der Autor erfreulicherweise auch die religiösen Schriftsteller im Blick, was einen tiefen Einblick in die damalige Krise ermöglicht. Aufgrund seines einmaligen Wertes gebe ich auch diesen Text wörtlich wieder, aufgrund seiner Länge nur auszugsweise. Man braucht aber vielleicht etwas Zeit, diese wertvollen Formulierungen ganz in sich aufzunehmen. Die Geduld wird sich lohnen, denn der Inhalt ist sehr berührend, auch wenn wir nicht alle Namen der Autoren kennen.

> »Es gab eine Zeit in Frankreich – sie währte etwa von 1850 bis 1890 – in der das tonangebende Frankreich ganz auf das Diesseits und den Fortschritt eingestellt war. Die Vernunft des 18. Jahrhunderts war durch die Wissenschaft ersetzt. […] Gott schien tot. ›Das Jahrhundert ist in harte Leugnung Gottes und des Him-

mels gesunken und tut es immer mehr‹, schrieb der Philosoph Renouvier 1889. [...] Aber nun ereignet sich etwas Seltsames. Diese an und für sich so hoffnungsfreudige, ganz auf Leben, Fortschritt, Zukunft, Erfolg, Glückseligkeit eingestellte Weltanschauung erzeugt eine tief tragische, pessimistische Lebensauffassung. Glühender Optimismus schlägt unversehens in grauenvollen Pessimismus um. [...] Und angesichts dieser eisigen, harten Gesetzeswelt, die sinnlos und endlos sich entfaltet, wankt den meisten der Mut. Die meisten werden Stoiker. Aber gerade sie werden irre an dem, was sie bisher als das Wesentliche ihres Lebens angesehen haben: an dem Denken. Sie bemerken erschreckt, dass sie in verdünnter Luft leben, dass das Begriffliche, das sie herausziehen und verarbeiten, nicht die Wirklichkeit ist. Und was das Schmerzliche ist, dass das ewige Zergliedern eine seelische Grundlage zerstört, indem das Herz ausgetrocknet wird. [...] Abgesehen von dem innerfranzösischen Strom von Pessimismus, der aus der Ohnmacht des Denkens der Natur und Wirklichkeit gegenüber hervorgeht, übten die seit dem Ende der siebziger Jahre rasch aufeinanderfolgenden Schopenhauer-Übersetzungen stärksten Einfluss in dem gleichen Sinne. So schrieb z. B. Maupassant, dessen ›Bel-Ami‹ tiefinnersten Pessimismus atmet, Schopenhauers Geist beherrsche fast die ganze Jugend der Welt. Seine kritischen Aufsätze erscheinen einem deutschen Literaturhistoriker als der charakteristische Ausdruck und Ausfluss dieser von Hoffnungslosigkeit wie Genussgier gleich stark erfüllten Epoche Frankreichs: ein auflösender, zerstörender, lebensfeindlicher Fatalismus. [...] So ist es also: Weil der Hauch eines väterlichen Gottes nicht mehr über die Stirnen streicht, welkt das Beste unseres Denkens in seiner leeren Anmut und Kraft melancholisch dahin. Dazu sagt Bourget: ›Der spiritualistische Glaube an den persönlichen Gott, an Verdienst und Unsterblichkeit birgt Schätze reiner Freude und Tapferkeit in sich; der pantheistische Glaube an die Einheit von Seele und Natur erzeugt ebenfalls eine tiefe, aber berauschte und in ihrer Verzückung sozusagen passive Freude. Die Anschauung von dem unabänderlichen Ausströmen aller Dinge führt in ihren Falten seltsame Keime der Traurigkeit mit sich, einer Traurigkeit, die vor der zwecklos zerrinnenden Welt der Täuschung entsetzt ist.‹ […] Am schärfsten zeigt sich die Haltlosigkeit dieser geistigen Lage an denen, die noch die Denkgewohnheiten und Fühlweisen gläubiger Jahrhunderte im Blute hatten. Die Oberflächlichen, die das Göttliche nie erfahren haben, geben vielleicht das, was sie als Worte ansehen, gegen neue Worte: Freiheit, Vernunft, Wissenschaft, Fortschritt hin. Aber die Tiefen, die etwas von der Kraft und Freude des Gottesglaubens gespürt haben und dann in die Wirbel des Zeitgeistes hineingerissen wurden, lassen sich durch einen beliebigen, minderwertigen Ersatz nicht zufrieden stellen. Sie steigen in die tiefsten Abgründe, wandeln sich in die verwegensten Gestalten, um ihrer Sehnsucht Ziel zu gewinnen. Und da nichts sie zu erfüllen imstande ist, da alle ihre Verkrampfungen ihnen nur Ekel und Bitterkeit zurücklassen, werden sie die Zerrissensten, die Wütendsten, die Verlorensten. Diese Faune mit christlichem Blut heißen: *Baudelaire*, *Verlaine*, *Rimbaud*, *Péladan*. Von Reuetränen und Verzückungen unterbrochen, floss ihr gespenstisches Leben schlecht gemeistert dahin, eine Mahnung aller Nachfahren, weise zu sein und in Demut des göttlichen Funkens zu gedenken. Und doch haben sie Unsterblichkeit an Poesie uns geschenkt. Haben aus all ihrer Verlorenheit heraus die Öffnung ins Metaphysische brechen helfen. Bis dahin hat die Poesie der Romantiker, insbesondere die alles übertönende eines Victor Hugo, mit dem Göttlichen gespielt. […] Erst *Baudelaire* und *Verlaine* wurden so ins Außerbürgerliche, ins Abgründige geschleudert, dass sie *die ganze christliche Wirklichkeit* der Welt wieder ins Bewusstsein rücken konnten. In ihren Gestalten gewann die Sünde sinnhaftgegenständliche Bedeutung. In ihnen sucht und findet das christliche Gewissen einer gottfremden Zeit schrillsten Ausdruck. Die Grundwahrheit der menschlichen Schuld, der Doppelrhythmus: Sünde – Sühne, Verwerfung – Begnadung werden wieder greifbar an weithin aufpeitschenden Schicksalen. Unergründlich, dass Menschen mit kinderseliger, sternenfroher Dichterbegnadung durch alle Abgründe und Verworfenheiten jagen müssen, damit Heil werde! Sie standen außerhalb der wissenschaftlichen Berauschungen. Sie haben einfach ihr Leben als Ausdruck unzerstörbarer Gottgebundenheit hingesetzt und sind im Dunkel verschwunden. Andere haben, mit und ohne Erfolg, begonnen, von andern Ausgangspunkten aus den Ausbruch aus trostloser Diesseitsgesponnenheit vorzubereiten. Neben der individuellen Not war es nach 1870/71 die Not des Vaterlandes, die viele aus der Oberflächlichkeit in die Tiefe gehen ließ. A. *Dumas*, der Jüngere meinte 1873, das Problem *Gott* müsse ernst, sehr ernst genommen werden. Er ist zwar unfähig zu seelischer Hingabe. Zuviel Abenteuer haben ihn gelockt, zuviel Kampf ums Dasein ihn verhärtet. Er hat aber aus seiner christlichen Vergangenheit die Schau eines Jenseits gerettet, das ›der Daseinsgrund des Weltalls und unseres Lebens ist.‹ [...] Andere wieder wie Péladan sahen inmitten ihrer individuellen Haltlosigkeit in erster Linie das objektive Chaos, das Chaos der gefälschten Ideen: ›Das Abendland leugnet Gott; Gottleugnen heißt aber den Tod herbeirufen und das Nichts verkünden. Es gibt ein moralisches und metaphysisches Gleichgewicht, ohne dass die Gesellschaft nicht bestehen kann. An dem Tage, wo das menschliche ›Wort‹ nicht mehr eine Summe von Wahrheiten enthält, die wenigstens gleich ist der Summe der Irrtümer, an dem Tage, wo die Eigensucht über die Liebe siegt, wo mehr Leute im Lupanar als in der Kirche sind, an dem Tage rechnet das Gesetz vom metaphysischen Gleichgewicht, das man poetisch Vorsehung nennt, mit einem Volke ab.‹ [...] Der ewige *Blaise Pascal* ruft seine Nachfahren an. [...] Dass Bourget doch schon glaubte, den Gott des Christentums gefunden zu haben, beweist der Satz Pascals, den er im Disciple (1889) zitiert: ›Du würdest mich nicht suchen, wenn du mich nicht gefunden hättest.‹ Ebenso berichtet uns *Claudel*, dem die ›Illuminations‹ Rimbauds (1886) den ersten Spalt aus seinem ›materialistischen Gefängnis‹ öffneten, das ihm die Gedanken Pascals in jenen Tagen, da er den Weg zu Gott fand, am meisten geholfen: ›ein unschätzbares Werk für diejenigen, die den Glauben suchen, [...]‹ Und immer tiefer gräbt sich die Pascallinie ein. Immer mächtiger treibt sie die von seinem Geist Erfassten in die Bereiche des Übernatürlichen. [...] *Marc Sangnier* berichtet, dass sie [Anfang der neunziger Jahre] im Kolleg ›die Gedanken‹ entdeckt und sich so eifrig mit der Seele Pascals verbunden hätten, dass ihre ganze geistige und sittliche Existenz dadurch geprägt worden sei. [...]‹«

Abschließend deutet Hermann Platz einige Äußerungsformen des ins Metaphysische strebenden Geistes an.

»Zunächst das *elementare Gefühl der Befreiung*, das viele äußern, wenn sie aus dem Begriffsgefängnis des Materialismus, Naturalismus, Determinismus, Rationalismus erlöst werden durch irgendein großes Erlebnis. *Rod* vernimmt in den russischen Romanen das Donnern der Kirchenväter und ihren Fluch gegen die heidnischen Priester. Es ist ihm mehr als die Offenbarung einer unbekannten Welt. Es ist der Aufruf des schlafenden Gewissens. *Claudel* öffneten die Bücher Rimbauds eine Spalte im materialistischen Gefängnis und hinterließen einen lebhaften, fast physischen Eindruck des Übernatürlichen. [...] *Joseph Lotte,* der getreueste Freund von Charles Péguys Freunden, spricht von einem ›Entrinnen aus dem Determinismus‹, von einem ›Weg der Befreiung‹ aus den Fesseln Taines und Renans. Das Reich der Seele hat sich ihm aufgetan, der Atem Gottes durch jede Seite geweht. ›Ich werde nie die stürmischen Gefühle vergessen. [...] Nur wer jahrelang ohne Gott gelebt hat, weiß, welche Freude es macht, ihn wiederzufinden.‹ Charakteristisch für die große Sehnsucht nach Befreiung aus der Todesnot des Dekadentismus sind auch die zahlreichen Gebete Glaubenssuchender, die wir bei Rod, Barrés, Bourget, Huysmans u. a. finden. Ich führe nur eines an: ›Herr, habe Erbarmen mit dem zweifelnden Christen, mit dem Ungläubigen, der glauben möchte, mit dem Galeerensklaven des Lebens, der allein in der Nacht das Schiff besteigt unter einem Himmel, den die tröstlichen Leuchttürme der alten Hoffnung nicht mehr erhellen.‹ (Huysmans, ›A rebours‹ 1884) Wenn wir damit dann, was ein andermal vielleicht geschehen soll, die Geschlossenheit und Festigkeit eines *Claudel, Jammes, Baumann, Ghéon* u. a. vergleichen, dann können wir ermessen, welcher Fortschritt in dreißig Jahren erzielt worden ist. Ein Fortschritt, der der demütigen Orientierung an Dogma, Liturgie und franziskanischem Geist zu verdanken ist.«

Damit endet dieser wundervolle aufschlussreiche Text und wir können nun auch erahnen, was die Erscheinungen der Jungfrau Maria in dieser Zeit bedeuteten. Und wir können auch verstehen, warum Maria bereits im Jahre 1830 im Hinblick auf die kommenden Jahre der Glaubensnot in Frankreich die Prägung und Verteilung der wundertätigen Medaillen so entschieden forderte. Wie viele Seelen haben so im Stillen während dieser schweren Zeit ihre Gottesverbindung dank der Jungfrau

Maria aufrechterhalten können! Und wie vielen Seelen ist auch in der heutigen Zeit die Medaille ein segensvolles Zeichen Ihrer heiligen Gegenwart.

Auch im beschaulichen Lourdes konnte man zur Zeit der Erscheinungen in einigen Bevölkerungskreisen Auswirkungen dieses materialistischen Denkens finden. Darüber hat der damalige Steuereinnehmer Jean B. Estrade im Alter ausführlich Zeugnis gegeben. Lassen wir ihn selbst sprechen:

> »Während sich das Volk in Bewunderung und Lobesworten über das erging, was es an der Grotte wahrnahm und hörte, gab es in Lourdes einen Kreis von Männern, die alles besser wissen wollten. Sie wahrten von der ganzen Sache Abstand und bezeichneten sie als ein Hirngespinst. Bei diesen Männern handelte es sich um die Gebildeten von Lourdes. Für sie war das Ganze von vorneherein abgetan. Sie fanden es nicht einmal der Mühe wert, der Angelegenheit die geringste Aufmerksamkeit zu schenken, weil sie jedes übernatürliche Eingreifen als abwegig bezeichneten. Es handle sich bei dem Kind gewiß nur um eine krankhafte Phantasie, die ihm allerlei vorgaukele und wovon kein Wort wahr sein könne. Auch ich gehörte zu diesem Kreis von Männern und teilte ihre Anschauung. [...] In Lourdes gab es zur damaligen Zeit einen Kreis, in dem sich angesehene Bürger der Stadt von Zeit zu Zeit trafen: Rechtsanwälte, Ärzte, Notare, Stadtverordnete, Rentner und höhere Beamte aller Verwaltungszweige. Bei unserer nächsten Zusammenkunft erzählte ich den Herren, von denen ich wußte, daß sie meine Anschauungen teilten, was ich vorstehend dargelegt habe. Auch ihnen sollte es bald so ergehen, wie es mir im Laufe der Entwicklung ergangen ist. Anfangs waren wir übereinstimmend der Meinung, die ganze Sache scharf ablehnen zu müssen. Alles, was uns über die Vorgänge an der Grotte berichtet

wurde, kam uns nichtig, kindisch und lächerlich vor. Wir zuckten die Achseln darüber. Einem unter uns fiel etwas auf: »Weshalb kommen wir denn auf die Sache zurück, wenn sie wirklich ein Hirngespinst ist? Weshalb unterhalten wir uns immer wieder von neuem darüber?« So sehr wir uns auch mühten, hinfort zu schweigen – es gelang uns einfach nicht. Schließlich verwickelten wir uns in Widersprüche und konnten den Anschauungen der gläubigen Menschen nur noch Hypothesen entgegensetzen. Kein Wunder, daß einer nach dem andern selbst zur Grotte ging, um sich ein Bild zu machen. Was konnte unsereinem schon passieren! Unser Urteil stand ja ohnehin fest. Dabei erging es uns der Reihe nach so wie Saulus auf dem Wege nach Damaskus. Unter denjenigen, die sich als erste geschlagen gaben, müssen genannt werden: der ehemalige Militär-Intendant de La Fitte, der Gerichtspräsident Fougat, Rechtsanwalt Dufot, der Arzt Dozous, der Tabakgroßhändler Lannes und der frühere Militär-Veterinär Germain. Noch manche andere Namen könnte ich anführen, aber das wäre zu weitschweifig. Schließlich mußte auch ich die Waffen strecken. Und da ich diese Zeilen in meinem Alter schreibe, danke ich dem lieben Gott für den dreimal glücklichen Tag, da auch ich zur richtigen Erkenntnis kam. Zusammenfassend kann ich sagen: vom ersten Augenblick der Erscheinungen an war die einfache Bevölkerung von Lourdes von dem übernatürlichen Charakter der Erscheinungen an der Grotte überzeugt. Die gebildeten Schichten waren schwerer zu überzeugen. Sie standen einander scharf abgetrennt gegenüber: diejenigen, die selbst bei den Erscheinungen zugegen waren und sich gläubig beugten, und jene, die es ablehnten, sich an die Grotte zu begeben, und in ihrer Verstocktheit verharrten. Letztere, es waren etwa dreißig, verbohrten sich im Laufe der Zeit immer mehr in ihre Gedankengänge. Sie wollten nichts von dem Ganzen wissen, bis

> die Wunder und sonstigen Wohltaten, die sich durch die Mittlerschaft der Gottesmutter in Lourdes vollzogen, auch sie gläubig in die Knie sinken ließen.«

Jean B. Estrade und seine Schwester, die ihm den Haushalt führte, waren nach seiner Bekehrung sogar mit Bernadette befreundet.

Die Unbefleckte Empfängnis und die Eucharistischen Weltkongresse in Frankreich

Frankreich ist nicht nur das Land, in dem einst das kulturelle Zentrum der Basken lag, sondern Frankreich ist auch die älteste Tochter der Kirche. Bereits seit dem 5. Jahrhundert ist es, ausgehend von Le Puy, ein marianisches Land, in dem insbesondere die Unbefleckte Jungfrau verehrt wurde, wie es in den alten Schriftstücken aus Lourdes zu lesen war. Doch seit dem 12. Jahrhundert gibt es in Frankreich außerdem eine irdisch-himmlische Verbindung mit dem Sternbild der Jungfrau, was für die Ausführungen in diesem Buch sehr bemerkenswert ist. Auf diese Verbindung wies Dr. Sonja Klug in ihren Ausführungen zur Kathedrale von Chartres hin. »Es besteht Grund zu der Annahme, daß die Templer sämtliche gotischen Kathedralen aus einem einheitlichen Plan heraus errichteten und finanzierten, wobei sie das ihnen zur Verfügung stehende Wissen aus den Episteln der Lauteren Brüder und möglichen weiteren Quellen nutzten. […] Es entstand eine großräumige und astronomisch korrekte Anordnung aller Notre-Dame-Kathedralen nach dem Sternbild der Jungfrau. […] So bilden die der Maria geweihten Notre-Dame-Kathedralen von Bayeux, Amiens, Laon, Reims, Paris, Evreux und Rouen, die alle im 12. Jahrhundert in einem Umkreis von nur 150 Kilometern errichtet wurden, auf der Erde genau das Sternbild der Jungfrau ab, wie es am Himmel zu sehen ist.«

Außerdem war Frankreich auch das Land, in dem Ende des 19. Jahrhundert die Eucharistischen Kongresse ins Leben gerufen wurden. Im Buch »Nun breite deine Hände aus – Lourdes« gibt Professor Dr. Alfred Läpple eine kurze Information über die Entstehung und Geschichte dieser Kongresse:

> »Man muß ein klein wenig in die Geschichte zurückblättern, um zu verstehen, warum ausgerechnet aus Frankreich der Anstoß zur Abhaltung Eucharistischer Weltkongresse gekommen ist. Die Geisteswelt Frankreichs war im 17. und 18. Jahrhundert geprägt vom Rationalismus und Materialismus. Es war nur eine folgerichtige Entwicklung und sichtbare Demonstration dieser areligiösen und antikirchlichen Geistigkeit, als im Jahre 1789, dem Ausbruchsjahr der französischen Revolution, Gott abgeschafft, an seine Stelle eine ›Göttin Vernunft‹ gesetzt und ihr die Huldigung der roten Republik entgegengebracht wurde. Etwa ein Jahrhundert später, 1875, traten die Freimaurer zu einem neuen Sturm gegen die katholische Kirche Frankreichs an. Ein Zweifaches ist jedoch erstaunlich: gerade in dieser Zeit der religiösen Verfrostung und der geplanten Kirchenvernichtung blühte in Frankreich die Andacht zum heiligsten Herzen Jesu und auch zum allerheiligsten Altarsakrament in ungeahnter und die Frömmigkeit der katholischen Weltkirche anregender Weise auf. Nicht minder erstaunlich ist außerdem, daß gerade Frankreich in der Aufklärungsepoche des 17. und 18. Jahrhunderts und im anschließenden 19. Jahrhundert eine Vielzahl von Heiligen aufweist. Zu den Wegbereitern der eucharistischen Bewegung in Frankreich ist sicherlich der Pfarrer von Ars, Johannes Vianney (gest. 4. August 1859), zu zäh-

> len. Der entscheidende Anstoß zu den Eucharistischen Weltkongressen ging jedoch von einer Versammlung von 60 katholischen Abgeordneten aus, die am 29. Juni 1873, dem Fest der Apostel Petrus und Paulus, im Heiligtum zu Paray le Monial sich versammelt hatten, um ihr bedrängtes, französisches Vaterland [nach dem deutsch-französischen Krieg 1870/71] in einem feierlichen Weiheakt dem heiligsten Herzen Jesu zu weihen. Maria Martha Emilie Tamisier, die dieses Gelöbnis miterlebte, war von dieser Stunde so ergriffen, daß sie von der Erkenntnis und dem Auftrag nicht mehr loskam: ›Die Welt retten durch die heilige Eucharistie!‹ Unter Beratung ihres Seelenführers, Pater Julian Eymard, dem Stifter der Eucharistiner, und unterstützt von Papst Leo XIII. (1878–1903) und von Msgr. De Ségur (gest. 9. Juni 1881) kam es 1881 zum ersten Internationalen Eucharistischen Kongreß in der französischen Stadt Lille.«

Der erste Eucharistische Weltkongress in Lourdes fand 1899 statt. Ein weiterer folgte 1914 und der dritte 1981 stand unter dem Motto »Marienverehrung und Christusanbetung«.

Diesen engen Zusammenhang zwischen der Unbefleckten Jungfrau und der Eucharistie betonte in unserem Jahrhundert auch Benedikt XVI.: »In der heiligen Jungfrau sehen wir auch die sakramentale Weise, mit der Gott das Geschöpf Mensch erreicht und in seine Heilsinitiative einbezieht, gänzlich erfüllt. […] Als die hörende Jungfrau lebt sie in vollkommenen Einklang mit dem göttlichen Willen […] Darum wenden wir uns jedes Mal, wenn wir in der Eucharistiefeier den Leib und das Blut Christi empfangen, auch an sie, die in voller Zustimmung das Opfer Christi für die ganze Kirche angenommen hat.«

Papst Pius IX. – Der Papst der Unbefleckten Empfängnis

Das Wirken von Papst Pius IX., dem Papst, der nicht nur 1854 das Dogma der Unbefleckten Empfängnis verkündete, sondern im Jahre 1870 auch den heiligen Josef zum Schutzpatron der gesamten Kirche erklärte, fiel genau in die Zeit, in der der Glaube und die Wissenschaft europaweit in Konflikt gerieten und moderne Gesellschaftsauffassungen entstanden, die sich auch gegen Gott und die Kirche richteten. Vielerorts entbrannte ein regelrechter Kulturkampf gegen die Kirche und sie verlor alle weltliche Herrschaft, die sie bis dahin besessen hatte.

Kardinal Giovanni Maria Graf Mastai-Ferretti wurde am 16. Juni 1846 nach nur zwei Tagen zum Oberhaupt der Katholischen Kirche gewählt. Überrascht von dieser unerwarteten Entscheidung nahm er die Wahl an, wählte den Papstnamen Pius IX. und wurde am 21. Juni 1846 mit der Tiara gekrönt. Er war der letzte Papst Rè, der sogenannte Papst-König, der mit dem Petrusamt zugleich eine weltliche Herrschaft über den traditionellen Kirchenstaat ausübte. Sein Pontifikat war mit 32 Jahren das bisher längste in der gesamten Kirchengeschichte und endete am 7. Februar 1878.

Als der 54-jährige Graf Mastai-Ferretti am 16. Juni 1846 zum Papst gewählt wurde, war der Jubel, der ganz Rom erfasste, grenzenlos: Zum ersten Mal saß ein Mann des Fortschritts und der Freiheit auf dem Stuhl Petri: Ein Mastai-Ferretti. Um einen neuen Papst einschätzen zu können, war damals die Familienzugehörigkeit entscheidend, und die Familie Mastai-Ferretti galt als »aufklärerisch«. Schon vor seiner Wahl, als er noch Bischof von Imola war, hatte er diese fortschrittliche Haltung gezeigt. Offen verkehrte er mit liberalen Politikern und Intellektuellen. Ohne Bedenken las er die französischen Theologen Lamennais, Montalembert und Lacordaire, die den alten katholischen Glauben mit den Idealen der

Aufklärung und der Französischen Revolution versöhnen wollten.

Als erstes holte der neue Papst mit einer Amnestie mehr als tausend liberale Bürger und Politiker aus den päpstlichen Gefängnissen. Er schränkte die Pressezensur ein und ließ die Mauer um das jüdische Ghetto in Rom einreißen. Und er ordnete sogar an, dass in Rom die Straßenbeleuchtung eingeführt wurde. Noch für seinen Amtsvorgänger, Papst Gregor XVI., galten Straßenlaternen als Inbegriff des Neuen und somit Bösen und durften nicht installiert werden.

Doch das Bedeutendste war, dass Papst Pius IX. eine völlig neue Art des Umgangs mit den Menschen einführte, was sich niemand hätte vorstellen können: Der Papst ging zu Fuß durch Rom. Außerdem führte er zwei wöchentliche Audienzen ein, und zwar für jeden, der kommen wollte. Den Höhepunkt erreichte die Verehrung Papst Pius' IX., als nach ein paar Monaten seiner Amtsinhabe im österreichisch regierten Norden Italiens revolutionäre Kundgebungen stattfanden, bei denen das Volk statt roter Fahnen die Büste des Papstes durch die Straßen trug und dabei unablässig begeistert seinen Namen ausrief: Pio Nono – Pius IX. So war also dieser neue Papst zu Beginn seines Pontifikats bei den Liberalen, den Revolutionären und vielen anderen fortschrittlich denkenden Menschen der beliebteste Papst, den sie bis dahin gesehen hatten.

Doch lange konnte Pius IX. diesen Weg nicht weitergehen, denn die äußeren Umstände zeigten ihm deutlich, dass die antiklerikalen Kräfte, die ihn zunächst noch bejubelt hatten, immer stärker wurden und die Aufgabe, die ihm durch das Pontifikat aufgetragen worden war, gefährdeten. So wurde sein Ministerpräsident Pellegrino Rossi bereits 1848 während der europaweiten und auch im Kirchenstaat stattfindenden revolutionären Erhebungen ermordet und Pius IX. musste am 24. November mit seinen Kardinälen nach Gaeta an die Küste

Neapels in Sizilien fliehen. Erst im Frühjahr 1850 konnte er mit Hilfe französischer Truppen wieder zurückkehren. Seine römische Residenz verlegte er danach vom Quirinalspalast in den Vatikan, der seit damals der Sitz der Päpste ist.

Obwohl Pius IX. so offen war gegenüber dem Fortschritt, musste er ihm dennoch weichen, denn der sich ausbreitende Konflikt zwischen Glaube und Wissenschaft machte jegliche Vereinigung unmöglich. Da auch der Vatikan mehr und mehr vom herrschenden Liberalismus in Europa in die Enge gedrängt wurde, musste sich Pius IX. voll und ganz auf seine Aufgabe als Oberhaupt der Katholischen Kirche konzentrieren. Seine hervorragenden Tugenden als Voraussetzungen für dieses Amt kamen ihm dabei zugute: Seine Lebensführung wurde als untadelig angesehen, er war fromm, wohltätig und erfüllt von der Liebe zu Gott und den Menschen. Es gelang ihm, die Kirche, der er sich voll und ganz verschrieben hatte, in der langen Zeit seiner Amtsausübung stark und weitgehend geeint zu erhalten. Wenn man es auch nirgends lesen kann, so ist nach meinen Eindruck doch davon auszugehen, dass er sich der Bedeutung der Katholischen Kirche in dieser glaubenslosen Zeit sehr wohl bewusst war. Erfolgreich förderte er die Mission in aller Welt. Auch machte er von seinem höchsten Lehramt Gebrauch, indem er im November 1854 nach intensiver Beratung mit den Bischöfen der ganzen Welt das Dogma der Lehre von der Unbefleckten Empfängnis Mariens verkündete. So fiel historisch gesehen die Verkündigung dieses Dogmas 1854 in eine kirchenpolitisch sehr unruhige Zeit und war gleichzeitig das Beste, was der Welt geschehen konnte. Das wird auch Papst Pius IX. und seinen Bischöfen bewusst gewesen sein, denn nur die Jungfrau Maria konnte in dieser Zeit helfen, was sie vier Jahre später auch tat! Der Papst folgte ihr mit der Enzyklika »Cum sancta mater ecclesia«, in der er im Jahre 1859 zum öffentlichen Gebet für den Frieden aufrief.

Außerdem unterstützte er Don Bosco und Franz von Sales bei den Gründungen ihrer Gemeinschaften. Alle diese Entscheidungen fanden die Unterstützung der religiösen und der säkularen Welt.

Anders verhielt es sich jedoch mit den späteren Verlautbarungen des Papstes, die ihn in den Augen der modernen Welt vielfach als den reaktionärsten von allen Päpsten erscheinen ließen. Bereits 1864 veröffentlichte er den »Syllabus«, eine radikale Kriegserklärung an Fortschritt und Demokratie. Für viele bleibt diese radikale Kehrtwende unverständlich, doch ich bin der Auffassung, man kann sie verstehen, wenn man bedenkt, dass der Ausschlag des Pendels in die zerstörerische nihilistische Richtung – wie sie besonders in Frankreich sichtbar wurde – auch den Ausschlag in die andere Richtung erfordert, damit das Gleichgewicht in irgendeiner Form wieder hergestellt werden kann. Im Falle von Papst Pius IX. konnte das bedeuten, als Reaktion auf die nihilistischen Ansichten vieler Menschen eine verstärkte Frömmigkeit in der gesamten katholischen Kirche zu fördern. Doch dass bei einem solchen Versuch, einen Ausgleich zu schaffen, das gesunde Maß auf beiden Seiten auch überschritten werden kann, ist wohl jedem von uns bekannt. Dazu gehört nach Ansicht vieler Theologen auch das, was Papst Pius IX. auf dem Höhepunkt seiner Amtszeit, dem Ersten Vatikanischen Konzil von 1869 bis 1870 verlautbaren ließ: Die Unfehlbarkeit des Papstes, wenn dieser ex cathedra, das heißt als Organ der Gesamtkirche, eine Glaubens- oder Sittenfrage als endgültig entschieden verkündet. Davon hatten ihm fast alle deutschen und französischen Bischöfe abgeraten, so dass diese Entscheidung zur Abspaltung der Altkatholiken führte. Ein weiterer Einschnitt geschah 1870, als nach Beginn des Deutsch-Französischen Krieges die französischen Schutztruppen aus Rom abzogen; woraufhin italienische Truppen den Kirchenstaat nach der Einnahme

Roms auflösten. Das bedeutete für den amtierenden Papst den Verlust aller weltlichen Herrschaft.

Papst Pius IX. starb am 7. Februar 1878 in der Vatikanstadt. Zunächst wurde er in St. Peter beigesetzt, obwohl er testamentarisch verfügt hatte, in Sankt Laurentius vor den Mauern beigesetzt zu werden und nicht in der Kathedrale. Doch da er im Laufe seiner konservativen Amtszeit 366 Demokraten erschießen und aufhängen ließ, war er bei den Nationalisten des römischen Volkes inzwischen so verhasst, dass man zunächst nicht wusste, wie man Pius IX. nach Laurentius überführen sollte. Erst am 13. Juli 1881 wurde sein Leichnam, unter großem Protest der italienischen Nationalisten, zur von ihm gewünschten Ruhestätte überführt, wo er nun nach der schweren Zeit voller Umbrüche und Konflikte seine verdiente Ruhe gefunden hat.

Doch von unzähligen Gläubigen, die ihm trotz allem all die Jahre die Treue gehalten haben, wurde er geschätzt und geliebt, besonders auch von Bernadette, die wenige Monate vor der Wahl Pius' IX. in Lourdes zur Welt kam und ihn um einige Monate überlebte. So spricht der Priester André Douze davon, dass Bernadette die Amtszeit Pius IX. zeitlich umschlossen hat. Für sie war er der Papst der Unbefleckten Empfängnis und am 17. Dezember 1876, ein gutes Jahr vor seinem Tod, richtete Schwester Marie-Bernard aufgrund der frappierenden Verbindung zwischen Rom und Lourdes einen diesbezüglichen Brief an den Papst, den wahren »Souverän«, wie sie ihn nannte, wenngleich er seiner Ländereien beraubt war. Und diese Liebe der Gläubigen allein zählte für seine Seligsprechung im Jahre 2000, durch die er die verdiente Würdigung seines so schwierigen Schaffens erfuhr, denn Papst Pius IX. hatte ernsthaft versucht, in der Führung der katholischen Kirche und dem damit verbundenen Glauben an Gott, den notwendigen Gegenpol zur modernen, rationalistisch geprägten Welt zu schaffen, was ihm durch das Dogma der Unbefleckten Empfängnis und durch die große Proklamation über den Ruhm des heiligen Josef, den er zum Schutzpatron der gesamten Kirche erklärte, auch gelungen ist. Denn diese Entscheidungen waren vom Himmel geführt. Die anderen Entscheidungen, die Schaden angerichtet haben, waren meiner Einschätzung nach eher ein Resultat seiner Verzweiflung angesichts der immer materialistisch werdenden Welt, menschliche Verfehlungen, die wir ihm verzeihen sollten.

Das Dogma der Unbefleckten Empfängnis Mariens

Schon in den ersten Jahrhunderten des Christentums gab es Theologen, die davon überzeugt waren, dass Maria frei von persönlicher Schuld geblieben war. Und besonders für die Gläubigen gab es daran keinen Zweifel, »denn die Menschen spüren oft die Wahrheit in ihrem Inneren«, wie es André Douze ausdrückte. Er schreibt, dass die Ostkirche bereits etwa im 8. Jahrhundert begann, die Unbeflecktheit Mariens zu feiern, während die westliche Kirche, »mehr dem verstandesmäßigen Disput zugeneigt«, länger brauchte, um diesen Glauben anzunehmen. Im Westen führte Anselm von Canterbury die Feier der Unbefleckten Empfängnis für seine Diözese um 1100 nach Christus ein und im Jahre 1477 wurde es in Rom als Fest eingesetzt.

Zum Begriff der »Unbefleckten Empfängnis« muss ich einen kleinen Einschub wagen, um aufgrund vieler Missverständnisse, die mit dieser Bezeichnung verbunden sind, noch einmal – wie viele andere – deutlich klarzustellen, dass diese Bezeichnung nichts mit der Empfängnis Jesu zu tun hat, sondern sich darauf bezieht, dass Maria selbst bei ihrer Empfängnis vor der Erbsünde bewahrt wurde. Damit ist sie aufgrund ihrer zukünftigen Bestimmung sündenfrei und himmlisch rein auf die Welt gekommen. Diese Erklärung möge allen Gläubigen helfen, die den Zweifeln anderer ausgesetzt sind.

Auf offizieller theologischer Seite gab es um den Begriff der Unbefleckten Empfängnis im 13. und 14. Jahrhundert eine kontroverse Diskussion zwischen dem Dominikaner Thomas von Aquin und dem Franziskaner Duns Scotus, der den Begriff der »Vorerlösung« Mariens prägte. Der Begriff der »Vorerlösung« wies darauf hin, dass die Erlösung durch Jesus Christus umfassend ist, für die gesamte Menschheit gilt und die Zeiten übergreift. Für Duns Scotus ging es darum, dass die Gnade, die aufgrund des Erlösungswerkes Jesu Christi fließt, schon zuvor wirksam werden konnte und nicht nur im Nachhinein, denn Maria musste wie alle Menschen erlöst werden. Thomas von Aquin ging hingegen davon aus, dass die Gnade der Unbeflecktheit Mariens erst bei ihrer Geburt stattfand. Grund für diese Sichtweise war die Erlösungsbedürftigkeit Marias, die sie mit allen anderen Geschöpfen gemeinsam hatte. Doch Duns Scotus argumentierte, dass die Menschwerdung des Logos Gottes Plan, also Wille Gottes war. So war Maria und folglich ihre Gottesmutterschaft schon von Anfang an, das heißt vor aller Zeit, von Gott beschlossen. Hieraus leitete er ab, »dass alle übrige Schöpfung, die Engel eingeschlossen, Maria untergeordnet ist. Nach Christus nimmt sie, als seine Erwählte, im Heilsplan Gottes die zweite Stelle ein.« Diese Einordnung in die absolute Inkarnation führt dazu, dass Duns Scotus von der vorausgreifenden Erlösung und Heiligung Mariens sprechen konnte.

Die Tradition stand zunächst auf der Seite von Thomas von Aquin. Erst nach und nach setzte sich Duns Scotus mit dem Begriff von Maria als die »Vorerlöste« oder auch »Ersterlöste« durch, den er prägte. Doch bis zur endgültigen Entscheidung des Lehramtes vergingen mehrere Jahrhunderte.

Erst im Jahre 1546 beschäftigte sich das Konzil von Trient mit dem Thema der Erbsünde und kam zu dem Schluss, dass Maria davon ausgenommen wurde. Das Konzil erklärte nun ausdrücklich, dass Maria von jeglichem Makel der Erbsünde unversehrt bewahrt wurde, also sozusagen »unbefleckt« empfangen wurde und durch eine besondere Gnade Gottes während ihres ganzen Erdenlebens keinerlei Sünde beging. Ihr ist als erste und auf einzigartige Weise der von Christus errungene Sieg über die Sünde zugutegekommen. Zahlreiche Kirchenväter und -lehrer sahen die Mutter Christi, Maria, als die »neue Eva«. Nach diesem Konzil in Trient im 16. Jahrhundert verbreitete sich im Volk immer mehr die Verehrung der Gottesmutter als »Ohne Erbsünde Empfangene«.

Im 17. Jahrhundert setzten sich viele Orden, vor allem die Jesuiten, für die »Immaculata-Lehre« ein. Durch die Jesuiten wurde auch Kaiser Ferdinand III. von Österreich zu seinem berühmten Immaculata-Gelübde, das er 1645 ablegte, motiviert. Denn als in den Jahren des Dreißigjährigen Krieges die Eroberung Wiens durch das schwedische Herr befürchtet werden musste, gelobte der Kaiser, ein Fest der »Unbefleckten Empfängnis« in seinen Territorien einzuführen und außerdem auf einem öffentlichen Platz Wiens eine Mariensäule aufzustellen. Tatsächlich blieb Wien vor einer Erstürmung durch die Schweden verschont, und am 18. Mai 1647 zog eine große Prozession von der Augustinerkirche zum Platz »Am Hof«, wo der Kaiser die Mariensäule aufstellen ließ.

Im 19. Jahrhundert wurde die Zahl der Befürworter für die Unbefleckte Empfängnis Mariens immer größer. Es entstand eine große Marianische Bewegung, die ihre Unterstützung in der breiten Zustimmung des Episkopats fand. Die Zeit für ein Dogma schien reif.

1848 zog Pius IX. viele Theologen zu der Frage der Sündelosigkeit Mariens im ersten Augenblick ihres Lebens zu Rate. 1849 befragte er 603 Bischöfe aller Kontinente schriftlich um ihre Meinung zu einer eventuellen Dogmatisierung. Über neunzig Prozent von ihnen sprachen sich für das Dogma aus. Nur vier Bischöfe äußerten Zweifel an der Lehre. Im November 1854 versammelten sich dann in Rom etwa 200 Bischöfe aus allen Ländern, um die Absicht des Papstes, das neue Mariendogma zu verkünden, zu unterstützen. So konnte Papst Pius IX. nach fünf Jahren Arbeit an konkreten Textentwürfen am 8. Dezember 1854 in der Bulle *Ineffabilis Deus* DS 2803 die feierliche Erklärung verkünden:

»Zur Ehre der heiligen und unteilbaren Dreifaltigkeit, zur Zierde und Auszeichnung der Jungfrau und Gottesgebärerin, zur Erhöhung des katholischen Glaubens und zum Wachstum der christlichen Religion, kraft der Autorität unseres Herrn Jesus Christus, der seligen Apostel Petrus und Paulus und unserer (eigenen) erklären, verkünden und definieren wir, daß die Lehre, welche festhält, daß die seligste Jungfrau Maria im ersten Augenblick ihrer Empfängnis durch die einzigartige Gnade und Bevorzugung des allmächtigen Gottes im Hinblick auf die Verdienste Christi Jesu, des Erlösers des Menschengeschlechtes, von jeglichem Makel der Urschuld unversehrt bewahrt wurde, von Gott geoffenbart und deshalb von allen Gläubigen fest und beständig zu glauben ist.«

Diese Urschuld, die auch als Ursünde bezeichnet wird, bezieht sich auf das Vergehen von Adam und Eva im Paradies. Geprägt von dem Denken des heiligen Augustinus, der davon ausging, dass die Sünde von Generation zu Generation weitergegeben wird, entstand im 5. Jahrhundert der Begriff der »Erbsünde«. Das Wort Sünde ist besonders in der heutigen Zeit kein sehr beliebtes Wort und wird oft missverstanden. Was versteht man aber im christlich-religiösen Bereich unter Sünde? Ganz einfach kann man sagen: Sünde ist alles, was uns von Gott trennt. Also jede Tat, die dem Gebot der Liebe zu Gott, der heiligenden Liebe zu sich selbst und der Liebe zum Nächsten widerspricht. Mit der Ursünde kamen auch Leid, Krankheit und Tod in das Leben der Menschen und zogen sie immer tiefer in die Materie und weiter weg von Gott. Schließlich kam die Menschheit an einen Punkt, an dem sie so weit gesunken war, sich so weit vom Göttlichen entfernt hatte, dass kein Aufstieg in den Himmel mehr möglich war. Das war der Zeitpunkt, an dem Jesus Christus auf die Erde gesandt werden musste, um die Menschheit von dieser Knechtschaft des Bösen, der Erbsünde, zu befreien und ihr den Weg in den Himmel wieder zu ermöglichen. Durch Seinen Tod am Kreuz und durch Seinen sich daran anschließenden Abstieg in »das Reich des Todes«, wie wir es im Glaubensbekenntnis ausdrücken, konnte Christus nicht nur die unerlösten Toten befreien, sondern auch den Verursacher des Bösen, den Satan, aufgrund Seiner übergroßen Liebe »an die Ketten« legen, denn gegen die göttliche, bedingungslose Liebe war dieses Wesen machtlos. Das Wissen über Christi Abstieg in das Reich des Todes und die damit verbundene »Fesselung« des Verursachers des Bösen ist für das Verständnis unserer Befreiung etwas sehr Wesentliches, da Christus den Satan durch Seine übergroße Liebe und nicht durch Gewalt besiegt hat. Die wahre Liebe ist die stärkste Kraft und es ist einzig und allein die Liebe, die das Böse besiegen kann. So ist die Liebe auch das Ziel unseres Erdenlebens, denn die große Liebe des Herrn wohnt in unserem Herzen. Seine Liebe ist so stark, dass Er sie abgeben muss; an Herzen, die bereit sind, sie zuzulassen, um sie weiterzugeben! Dazu ermutigte uns Benedikt XVI., als er 2008 auf dem Weltjugendtag in Sydney (Australien) betonte, wie wichtig es ist, die Angst loszulassen, die Gegenwart Gottes in uns wahrzunehmen.

Und als dritten Schritt hat Christus mit seiner Auferstehung der ganzen Menschheit die ursprünglich reine, aber für normale Augen unsichtbare Form des menschlichen Körpers wiedergebracht, die durch den Fall Adams und Evas verloren gegangen war, wie es in Korinther 15,44 heißt: »Es wird gesät ein natürlicher Leib und wird auferstehen ein geistlicher Leib.« Durch Seinen Tod, Seinen Abstieg in das Reich des Todes und Seine Auferstehung hat Christus uns von der Erbsünde befreit. Im Katechismus der Katholischen Kirche liest sich das in Kurzform so:

> »Nach dem Glauben der Christen wird die Welt von der Liebe des Schöpfers begründet und erhalten. Sie steht zwar unter der Knechtschaft der Sünde, wurde aber von Christus, dem Gekreuzigten und Auferstandenen, durch Brechung des Bösen befreit.«

Aber das heißt nicht, dass es seither auf der Erde keine Sünde und kein Böses mehr gibt, denn die Folgen dieser Ursünde sind noch in der Welt und im Gegensatz zur vorchristlichen Zeit ist jeder Mensch heute allein dafür verantwortlich, wie er damit umgeht. Es ist diese Freiheit der Entscheidung, die wir Christus zu verdanken haben. Er war es, der die Menschheit von der Erbsünde befreit hat. Und das bedeutet, mit der Kraft Christi in unserem Herzen jederzeit die Möglichkeit zu haben, keine schweren Sünden zu begehen und kleinere Sünden zu erkennen, zu bereuen und wieder gutzumachen. Wenn sich ein Mensch jedoch dafür entscheidet, sich gegen die göttlichen Gebote zu verhalten, so macht er von der Erlösung durch Christus keinen Gebrauch, wendet sich von der Liebe ab und gibt damit dem Satan, den Christus durch Liebe gebändigt hatte, Kraft, sich von seinen Ketten zu lösen, und mit ihm all seinen Anhängern. Denn alles, was nicht Liebe ist, ist Nahrung für die Gegenspieler Gottes, was man in der heutigen Zeit besonders gut sehen kann, denn viele Christen haben sich zu sehr daran gewöhnt, das Christentum zu verweichlichen. Deshalb sollten wir uns immer wieder bewusst werden, dass Christus mit Seiner Auferstehung in das Herz jedes einzelnen Menschen eingezogen ist. ER lebt also in uns und wir sind nicht mehr abhängig von den Folgen der »Ursünde«, wenn wir IHM die Möglichkeit geben, in uns und durch uns zu wirken; wenn wir IHM erlauben, Seine Liebe durch uns in die Welt fließen zu lassen, denn: »Ohne mich könnt ihr nichts tun«, spricht der Herr. Das bedarf täglicher Aufmerksamkeit, einer »Arbeit an sich selbst«, der Umkehr, auf die die Jungfrau Maria immer wieder aufmerksam macht. Dann erst kann die Gnade Gottes wirken, die den Menschen zu der inneren Reinheit und Jungfräulichkeit führt, die die Jungfrau Maria bereits auf die Erde mitgebracht hat. Im Katechismus der Katholischen Kirche heißt es dazu: »Mehr als jede andere erschaffene Person hat der Vater sie ›mit allem Segen seines Geistes gesegnet durch Gemeinschaft mit Christus im Himmel‹ (Epheser 1,3)«

Die Verkündigung des Dogmas der Unbefleckten Empfängnis Mariens fand lebhafte Zustimmung in der katholischen Welt und zeigte eine starke Wirkung in der gesamten Weltkirche. Frankreich wurde das Kernland seiner Verbreitung. Dabei möchte ich aus meiner Sicht betonen, dass dieses am 8. Dezember 1854 von Papst Pius IX. verkündete Dogma der Unbefleckten Empfängnis Mariens nicht allein eine theologische und von den Gläubigen getragene Entscheidung war, sondern die Jungfrau Maria selbst in diese Richtung gewirkt hat. Denn die offizielle kirchliche Anerkennung der Unbefleckten Empfängnis steht einerseits in einem engen Zusammenhang mit den Erscheinungen der Muttergottes 1830 in der Rue de Bac in Paris, und andererseits mit ihren Erscheinungen vier Jahre später in Lourdes. Ihre Erscheinung in Paris war sozusagen die Vorankündigung und ihre Erscheinung in Lourdes war die Bestätigung.

Die Bezeichnung »Unbefleckte Empfängnis« bedeutet »von Sünde unbefleckt« zu sein; denn Sünden verursachen Flecken auf der ursprünglich weißen Seele. Die Jungfrau Maria war innerlich und äußerlich so rein und makellos, so vollkommen, wie sie sein musste, um die Mutter des Gottessohnes zu werden. Deshalb kann man Maria nur verstehen, wenn man sie von ihrer besonderen Auserwählung von Gott her betrachtet.

Der Dogmatiker Mathias Joseph Scheeben betonte ebenfalls,

»dass das ganze Sein der Gottesmutter Maria nur wesenhaft vom fleischgewordenen Gottessohn her bestimmt werden darf. Maria kann nicht erst als dieses konkrete Menschenkind angesehen werden, das dann zur Mutter des Herrn erwählt wird. Maria ist einzig und allein ins Dasein gesetzt, um Mutter Jesu und Gehilfin des Erlösers zu sein, denn der Logos musste aufgrund der Erlöseraufgabe Fleisch aus der Stammwurzel Adams tragen. Deshalb konnte nur eine echte volle Tochter Adams seine Mutter werden. Darum musste Maria, die einerseits dem Logos angegliedert war, andererseits auch dem sündigen Adam angegliedert werden. Das bedeutet aber keineswegs, dass Maria in Adam mitgesündigt hat. Denn Maria war ja von jedem Makel der Erbsünde frei. Marias Angliederung an Adam ist ihrer Angliederung an Christus untergeordnet. So war also die Jungfrau wesenhaft dem Logos angegliedert. Deshalb musste sie nicht nur bei ihrem passiven Empfangenwerden im Schoß der Mutter […], sondern während ihres gesamten irdischen Lebenslaufs vor jeder Befleckung bewahrt bleiben, also frei von Sünden bleiben. So kann festgehalten werden, dass in Maria schon während ihres irdischen Lebens die totale, absolute Reinheit von der Sünde und die Vollkommenheit der Gerechtigkeit verwirklicht war. Die innere Gnade, die bei Maria die Freiheit von aller Sünde bewirkte, war eine höhere Gnade als bei den Engeln und, da die Gnade der Gottesmutterschaft Maria das Sündigen unmöglich macht, besaß sie zugleich eine höhere Reinheit von der Sünde als die Engel. Bezugnehmend hierauf besaß Maria den höchsten Grad oder die höchste Form der Reinheit von der Sünde, die man sich in einer bloßen Kreatur denken kann.«

John Henry Kardinal Newman, für den die Kontinuität im Glauben der katholischen Kirche von großer Wichtigkeit war, überprüfte die Wahrheit dieses Dogmas, indem er zunächst feststellte, dass das 19. Jahrhundert etwas entdeckt hat, dass die vorhergehenden Jahrhunderte nicht hatten. Das war das Phänomen Geschichte: es ging nicht mehr nur um Fakten. Das hieß für ihn, die geistige Entwicklung bleibt nicht stehen, sondern der Geist Gottes wirkt in der Geschichte, doch Sein Geist musste im Zusammenhang mit den ersten vier Jahrhunderten zu finden sein. Er betonte: »Ein echter Fortschritt in einer Lehrentwicklung (›progressiv‹) muss in einer inhaltlichen Kontinuität und Bewahrung zu den früheren und grundlegenden Positionen (›konservativ‹) stehen, sonst handelt es sich um Verfall oder Verrat«. Für den Kardinal hatte die Wahrheit, der er sich verpflichtet fühlte, einen dynamischen Moment, der sich darin ausdrückt, dass man sich in der kirchlichen Lehre nicht von der Urkirche der ersten vier Jahrhunderte lösen darf. Deshalb muss man sich stets die Frage stellen, ob ein Dogma dem widerspricht, was in den ersten vier Jahrhunderten geglaubt worden ist. Das tat John Henry Newman und er fand heraus, dass die Unfehlbarkeit Mariens in den ersten vier Jahrhunderten Praxis gewesen war.

Die Unbefleckte Empfängnis widersprach nicht! Das war ein Freudentag für den Kardinal. Sogar bis 1054 nach Christus, bis zur Teilung zwischen den Orthodoxen und den Katholiken, wurde das Gleiche geglaubt. Das heißt, der Kern war derselbe. Und darum ging es, um die Wichtigkeit, den Kern einer Glaubenswahrheit zu behalten.

Lourdes – Die Antwort des Himmels »Ich bin die Unbefleckte Empfängnis«

Vier Jahre nach der Verkündigung des Dogmas der Unbefleckten Empfängnis erschien der vierzehnjährigen Müllerstochter Bernadette Soubirous von Februar bis Juli 1858 die Heilige Jungfrau Maria achtzehn mal in einer kleinen Grotte in Lourdes und verkündete beim sechzehnten Mal, am 25. März, dem Fest Mariä Verkündigung: »Ich Bin die Unbefleckte Empfängnis« und bestätigte damit das Dogma von 1854. Diese Bestätigung des Dogmas in der Offenbarung Mariens als Unbefleckte Empfängnis war der Höhepunkt der Erscheinungen in Lourdes. Es ist das einzige Dogma, das jemals vom Himmel bestätigt wurde. Und es ist sehr bedeutsam, dass Bernadette ihre Frage, wer diese Erscheinung sei, <u>dreimal</u> – im Sinne von »Ehre sei dem Vater, dem Sohn und dem Heiligen Geist« – stellen musste, bevor sie die Antwort erhielt: »Ich Bin die Unbefleckte Empfängnis«.

Diese bereits in der Formulierung ungewöhnliche Offenbarung hat im Gegensatz zu den anderen örtlich gebundenen Geschehnissen und Aufträgen, die mit den Erscheinungen der Jungfrau Maria verbunden waren, eine weltweite Bedeutung und geht die ganze Menschheit an. Deshalb steht sie unabhängig von den anderen Erscheinungen, auf die ich im zweiten Band zu Lourdes ausführlich eingehen werde, an dieser Stelle. Denn in dieser Selbstbezeichnung der Jungfrau drückt sich auch ihre kosmische Größe aus, wie wir sie in der westlichen Kirche erst langsam erkennen, beziehungsweise es uns erlauben, dies zu tun. In der orthodoxen Kirche ist es tief verwurzelt, die Jungfrau Maria – wie sie uns im Lukasevangelium vorgestellt wird – sogar als Trägerin der Göttlichen Weisheit zu sehen. Diese Überzeugung vertritt auch der Benediktinerpater Ildefons Fux: »Aber ist nicht auch sie eine Erleuchtete und zugleich eine Erleuchterin? Die Ewige Weisheit hat in ihr Wohnung genommen [...]«

Damit komme ich nun zur Offenbarung der Unbefleckten Empfängnis am 25. März 1858. Zur besseren Anschaulichkeit gebe ich die Ausführungen von drei Personen wieder, von denen zwei Zeitzeugen waren, während die dritte vom Jesuitenpater André Ravier den Wortlaut der Aussagen Bernadettes aus den Originaldokumenten wiedergibt. Alle Schilderungen liegen mir nur in deutscher Sprache vor, so dass ich leider nicht überprüfen konnte, wie freizügig diese Übersetzungen sind. Vor allem in Bezug auf die Übersetzungen des Wortlauts Bernadettes im folgenden Bericht von Jean B. Estrade fiel mir auf, dass ihre Wortwahl teilweise aufgesetzt klingt und nicht so natürlich, wie man es bei der Aufrichtigkeit Bernadettes erwarten würde. Doch das wird verständlich, wenn man bedenkt, dass vor der Übersetzung ins Deutsche bereits die Wiedergabe von Jean B. Estrade eine Übersetzung darstellte, wie er selber erläuterte: »Ich will es in ihrer rührenden und schlichten Sprache erzählen, wie ich es zehn-, zwanzig-, ja vielleicht sogar hundertmal Wort für Wort gehört habe. [Bernadette hat die Geschehnisse immer identisch wiedergegeben, wie aus einem fotografischen Gedächtnis.] Da Bernadette nur den in Lourdes gesprochenen Dialekt verstand und sprach, sei ihr Bericht in der französischen Schriftsprache wiedergegeben.«

Bezüglich des 25. März 1858 schreibt er:

> »Alles war gespannt, wie sich die Dinge an der Grotte weiterentwickelten. Drei Wochen gingen dahin, ohne daß sich etwas Ungewöhnliches in Massabielle ereignete. So war das Fest Mariä Verkündigung gekommen. An diesem Morgen [die Jungfrau erschien stets am frühen Morgen] war die Zahl der Anwesenden bei weitem nicht so groß wie an den bisherigen

Erscheinungstagen. Neben einigen Männern, die vor der Grotte knieten, waren durchweg Mädchen und Frauen gekommen. Sie alle waren überzeugt, daß die Gottesmutter an diesem Tage der Seherin einen besonderen Gnadenerweis zuteilwerden lasse. Bernadette eröffnete ihren Eltern am Vorabend von Mariä Verkündigung, sie müsse am folgenden Tage zur Grotte; eine innere Stimme dränge sie dazu. Zeitig legte sie sich zu Bett, konnte in ihrer freudigen Erregung aber keinen richtigen Schlaf finden. In aller Frühe stand sie auf, und nachdem sie sich feiertäglich gekleidet hatte, machte sie sich auf den Weg nach Massabielle. Bernadette berichtete später: ›Sie war wieder da. Lächelnd schaute sie liebevoll herab, wie eine Mutter auf ihre Kinder. Als ich mich auf den Boden kniete, bat ich die Dame um Verzeihung, weil ich so spät gekommen sei. Gütig wie immer, machte sie mir mit dem Kopf ein Zeichen, darüber brauche ich nicht besorgt zu sein. Ich drückte meine Freude aus, sie wieder sehen zu dürfen. Nachdem ich ihr alles gesagt hatte, nahm ich meinen Rosenkranz zur Hand. Während ich betete, kam es mir in den Sinn, sie nach ihrem Namen zu fragen. Dies Verlangen war so mächtig, dass alle anderen Gedanken in den Hintergrund traten. Ich fürchtete mich aber, ihr lästig zu fallen und ihr wiederum eine Frage zu stellen, die sie vielleicht nicht beantworten wollte. Dennoch drängte es mich, sie anzusprechen. Endlich brachte ich in meiner Erregung die Worte über die Lippen und fragte die Dame, wer sie sei. Sie neigte ihr Haupt, lächelte und antwortete mir nicht. Ich weiß nicht, wie es kam, aber ich faßte erneut Mut und bat sie noch einmal, mir ihren Namen zu nennen. Wiederum lächelte sie, grüßte anmutig und schwieg. Mit gefalteten Händen wiederholte ich zum dritten Mal meine Bitte und war überzeugt, daß ich eines solchen Hulderweises unwürdig sei.‹ Als Bernadette in ihrem Bericht bis dahin gekommen war, befiel sie eine große seelische Ergriffenheit. Schließlich raffte sie sich zusammen und fuhr fort: ›Die Dame stand aufrecht oberhalb des Rosenstrauches und zeigte sich mir so, wie sie auf der Wunderbaren Medaille zu sehen ist. Bei meiner dritten Bitte um ihren Namen wurde ihr Gesicht sehr ernst, und sie schien in tiefe Demut versunken zu sein. Sie faltete ihre Hände, hob sie empor und schaute zum Himmel auf. Dann breitete sie die Arme aus, neigte sich zu mir und sagte mit zitternder Stimme: ›Ich bin die Unbefleckte Empfängnis.‹‹ Bei diesen Worten verneigte Bernadette sich und breitete ebenfalls ihre Arme aus. Das große Geheimnis um die Grotte von Massabielle war nun geklärt. Hätte man sich einen geeigneteren Tag als das Fest Mariä Verkündigung dafür denken können? Die Menschen, die in dieser segensreichen Stunde an der Grotte weilten, vernahmen die Worte der Gottesmutter nicht, waren aber von heiligem Schauer durchdrungen. Nachdem Bernadette gesprochen hatte, fielen sie auf die Knie nieder und küßten den Boden. Wie aus einem einzigen Munde erscholl der Ruf vor der Grotte von Massabielle: ›O Maria, ohne Sünde empfangen, bitte für uns, die wir unsere Zuflucht zu dir nehmen!‹ Am Nachmittag des 25. März erhielten meine Schwester und ich unerwartet Besuch von Bernadette. Man wird verstehen, wie bewegt wir beide waren. Unsere Unterhaltung mit dem begnadeten Kind drehte sich nur um die Geschehnisse an der Grotte. Vor allen Dingen wollten wir Einzelheiten über die Erscheinung am Vormittag wissen. Über dem Antlitz des Mädchens lag ein friedliches Strahlen. Scheu begann sie zu berichten. Die Haltung und Gesten der Gottesmutter machte sie uns so lebendig vor, dass wir glaubten, alles in Wirklichkeit vor unseren Augen zu sehen. Am Ende ihres Berichtes wurde Bernadette von tiefer Rührung ergriffen. Sie stockte einen Augenblick, um dann mit tränenerfüllten Augen, zitternder Stimme und engelsgleichem

Gesichtsausdruck die Worte der Gottesmutter zu wiederholen: ›Ich bin die Unbefleckte Empfängnis.‹ Wenn ich nachträglich all dies erwäge und veröffentliche, dann tue ich es nicht um des Andenkens an die Seherin oder um meiner Erinnerung willen, sondern um damit auch zu beweisen, wie aufrichtig das begnadete Kind berichtet hat. Bernadette war nicht imstande, das Wort ›Conception‹ (›Empfängnis‹) richtig auszusprechen und wußte nicht, was die Worte bedeuteten: ›Ich bin die Unbefleckte Empfängnis.‹ Als sie uns alles berichtet hatte, bemühte meine Schwester sich, ihr das Wort ›Conception‹ [Concepciou] zu buchstabieren. Sie sprach jeden Buchstaben nach, um zum Schlusse mit einer geradezu verblüffenden Naivität zu fragen: ›Aber Fräulein, was sollen die Worte heißen: Ich bin die Unbefleckte Empfängnis?‹«

Damit endet dieser Bericht von Jean B. Estrade.

Der zweite Zeitzeuge war Jean Barbet. Er war der damalige Lehrer des Ortes, selbst Augenzeuge der Erscheinungen und hat die wichtigsten Augenzeugen persönlich gekannt und befragt. Er berichtet auf seine Art Folgendes über die Geschehnisse dieses Tages:

»Der 25. März war das Fest Mariä Verkündigung. Nun, an diesem Tag fühlte sich Bernadette von jener Kraft, die sie so gut kannte, zur Grotte gedrängt! Überglücklich lief sie eilends nach Massabielle. Sie war überrascht, hier so viele Leute vorzufinden. Der hohe marianische Feiertag [...] hatte in vielen Menschen die Hoffnung geweckt, die hohe FRAU könnte heute wieder kommen. Bernadette kniete mit dem Rosenkranz in der Hand nieder und fing an zu beten. Und bald zeigte das bekannte, leichte Erzittern und die Verwandlung des Gesichts an, dass die Vision ihr von neuem erschien. Auch diesmal wiederholte Bernadette ihre flehentliche Bitte: ›Madame, wollt Ihr mir gütigst sagen, wer Ihr seid?‹ Als einzige Antwort lächelt die Vision mit noch grösserer Güte als sonst [...] ›Madame, möchtet ihr die Güte haben, mir zu sagen, wer Ihr seid?‹ Wieder erscheint um den schweigenden Mund der Erscheinung ein langanhaltendes, noch huldvolleres Lächeln. ›Madame, ich flehe Sie an, mir zu sagen, wer ihr seid?‹ Die hohe FRAU schenkt Bernadette ein neues Lächeln, das entzückendste, das sie bisher von IHR gesehen hatte. Da löst SIE IHRE Augen von Bernadette los und faltet IHRE Hände. Sie lässt IHRE Hände in dieser Gebärde des Gebets einige Augenblicke ruhen, und indem SIE IHREN Rosenkranz um IHREN rechten Arm wickelt, öffnet SIE IHRE Arme und lässt diese dann mit der strahlendsten und sanftesten Gebärde zur Erde gleiten. Schließlich erhebt SIE IHRE Arme wieder, faltet von neuem IHRE Hände, während sich IHR Blick in die Tiefen der Unendlichkeit verliert. In dieser himmlischen Verzückung spricht SIE diese Worte:

›Que Soy Era Immaculada Concepciou‹
›Ich Bin Die Unbefleckte Empfängnis‹

Da erlischt die Vision in den Augen Bernadettes und entschwindet. ›Que soy era Immaculada Concepciou ... Que soy era Immaculada Concepciou ... Immaculada Concepciou ...‹ [Diese Worte sind bigorrisch.] Bernadette lief in aller Eile der Kirche zu und sagte ohne Unterlass die Worte der FRAU vor sich hin, die Worte DIESER ÜBER ALLES SCHÖNEN FRAU, die sagte, dass SIE IMMACULADA CONCEPCIOU hieß. Dieser Name sagte ihr, Bernadette nichts, war ihr unverständlich, [...] Endlich steht sie vor dem Pfarrer ... und schnell, schnell buchstabiert sie die geheimnisvollen Silben, die das ganze Geheimnis der Frau enthielten ... Da hatte der Pfarrer verstanden. Er hatte begriffen, dass die Erscheinung wirklich die Jungfrau Maria war, die Mutter Gottes. ›*Für mich genügt das: Ich glaube!*‹ Seitdem bat man Bernadette oft vor Zeugen, die genauen Gebärden der JUNGFRAU zu wiederholen. In diesen Fällen ging sie zunächst ein paar Minuten in sich und sagte dann: ›So hat SIE es gemacht …‹ Ihre Hände, ihr Kopf und ihr Blick ahmten die Bewegungen der Jungfrau Maria nach. In diese einfache Gebärde, die Hände zu erheben, und sie dann auf der Brust zu falten, legte sie soviel seelenvolle Anmut, soviel Würde und Grazie, dass man, wenn man sie so sah, wie ihr Gesicht voll von ernster Freundlichkeit erfüllt wurde und ihr Blick, der den Himmel suchte, sich mit großem Ausdruck füllte, niemand umhin konnte von Herzen vor Bewunderung und Achtung ergriffen zu sein … und was auch oft vorkam, zu Tränen gerührt zu werden, so sehr war es ihr in diesen Augenblicken gegeben, der Erscheinung auf die bewegendste und beglückendste Art Gestalt zu verleihen. Eines Tages befand sich unter diesen Zeugen ein Weltmann, einer von diesen ›Blasierten‹, von diesen Skeptikern, […] Nun, dieser Mann von Welt, war von der Gestaltungskraft dieses kleinen Hirtenmädchens so gepackt, dass er überwältigt erklärte: ›Für mich genügt das, ICH GLAUBE! Dieses Kind hat GESEHEN! Von allein hätte sie das niemals finden können, was sie hier vollbracht hat. Ich habe die berühmtesten Schauspieler gesehen. Keiner wäre imstande gewesen, in diese Gebärden soviel Einfachheit und zugleich soviel Größe zu legen. Das, was sie GESEHEN hat, ist von einer anderen Welt.‹«

Der dritte Bericht stammt vom Jesuitenpater André Ravier. Die Aussage Bernadettes hat er den alten handschriftlichen Berichten entnommen, sie aber mit einigen Worten theologisch aufgearbeitet.

»Bernadette […] greift die Frage nach dem Namen der Dame wieder auf, wo sie vor zwanzig Tagen stehengeblieben war. ›*Nach den vierzehn Tagen habe ich sie dreimal hintereinander gefragt. Sie lächelte immer; schließlich getraute ich mich ein viertes Mal. Sie hielt ihre Arme ausgestreckt nach unten, sie hob die Augen, blickte zum Himmel, und während sie die Hände in Höhe der Brust faltete, sagte sie zu mir, sie sei die Unbefleckte Empfängnis. Das waren die letzten Worte, die sie an mich richtete. Darauf ging ich erneut zum Herrn Pfarrer, um ihm zu erzählen, daß sie mir gesagt hatte, sie sei die Unbefleckte Empfängnis, und er fragte mich, ob ich dessen ganz sicher sei. Ich antwortete ihm, daß ich es sei und daß ich, um dieses Wort nicht zu vergessen, es auf dem ganzen Weg immer vor mich hingesagt hätte.*‹ Diese letzten zurückhaltenden und sachlich-nüchternen Zeilen aus Bernadettes Bericht muß man aufmerksam betrachten. ›Unbefleckte Empfängnis?‹ Bernadette stieß immer an bei der Aussprache dieses Wortes, dessen Sinn ihr entging. Wenn sie es schreiben soll, hat sie Mühe mit der Schreibweise. Hatte sie dieses Wort noch nie gehört? Sicherlich, wenn man dem Zeitwort ›hören‹ den Sinn von ›verstehen‹ gibt. Sie wußte genau, daß es in der Kirche seit langem eine Kapelle gab, die der Empfängnis der Jungfrau Maria geweiht war. Und dann hatten am 4. März 1855 die Priester aller Kirchen in der Diözese Tarbes die Enzyklika Papst Pius' IX. verlesen, die feierlich verkündete, daß Maria ›unbefleckt in ihrer Empfängnis‹ ist. Aber zwischen ›vernehmen‹ und ›verstehen‹ ist der Graben breit, besonders da es sich um ein solches Geheimnis handelt. Dazu kommt, daß Aqueròs Formulierung fremd war: Ich bin die Unbefleckte Empfängnis. Was konnte das wohl für Bernadette bedeuten? Und selbst für den Pfarrer, für seine Kapläne, für alle Theologen ... Um eine solche Formulierung zu begreifen, mußte man sich fast auf das Wort Christi im Evangelium beziehen: ›Ich bin die Auferstehung.‹ Diese Identifikation einer Person mit einem dieser Geheimnisse konnte berechtigterweise jemanden außer Fassung bringen und ihn schockieren oder verblüffen, je nachdem. Man versteht, warum Abbé Peyramale Bernadette gefragt hat, ob sie sich dieses Namens ›ganz sicher‹ sei, und noch besser versteht man, warum Bernadette ihn auf dem ganzen Weg immer vor sich hingesagt hatte! Dieser Name ist mehr wert als alle wilden Rosen auf einem wilden Rosenstock im Winter. Abbé Peyramale ist überzeugt. Von diesem Tag an wird er einer der feurigsten Verteidiger Bernadettes. Was die Botschafterin betrifft, so hat die Erscheinung vom 25. März sie bis in die tiefsten Fasern ihres Wesens gezeichnet. Manchmal muß sie die Geste der Jungfrau Maria wiederholen und ihre Worte nachsagen. Dann durchflutet und verklärt sie ein eigentümliches Licht. Fabisch, der berühmte Bildhauer aus Lyon, dem man 1863 die schwierige Arbeit anvertraut hat, für die Grotte die Statue der Unbefleckten Empfängnis zu schaffen, hat Bernadette gebeten, die Szene darzustellen. ›Bernadette‹, so berichtet er, ›hat sich mit einer großen Schlichtheit erhoben, sie hat die Hände gefaltet und die Augen zum Himmel erhoben. Nie habe ich etwas Schöneres gesehen.‹ Und dennoch sagt Bernadette vor seiner Statue wie vor all den anderen Statuen der Jungfrau immer wieder: ›Nein, so war es nicht!‹«

Wie bezeichnete Bernadette die Erscheinung vor dem 25. März 1858?

Pater André Ravier hat in seinem Text ein Wort für die Bezeichnung der Erscheinung verwendet, das den meisten von uns höchstwahrscheinlich fremd ist: Aquerò. Damit komme ich direkt zu der Frage, wie Bernadette die Erscheinung in der Grotte bis zum 25. März benannt hat, denn in den meisten Büchern zu Lourdes kann man lesen, Bernadette habe die Erscheinung, bevor sie sich zu erkennen gab, stets als »weiße Dame« oder »schöne Dame« bezeichnet. Doch von einer »weißen Dame« sprach Bernadette nur nach der ersten Erscheinung. Dabei ist es notwendig, in Betracht zu ziehen, dass wir, die in einem anderen Kulturkreis leben, unter »Dame« vielleicht etwas anderes verstehen als Bernadette damals gemeint hat. Denn sie sprach und verstand nur den bigorrischen Dialekt, eine französisch-baskische Sprachmischung. Und der bigorrische Ausdruck für das, was sie zuerst in der Grotte erkennen konnte, war »era dama«, die Dame oder die Frau. Das war aber auch die Bezeichnung für die kleinen weißen Frauen, den »Hadas«, von denen ich bereits berichtet habe. Denn die Jungfrau Maria erschien Bernadette als kleines junges Mädchen, »genauso jung und genauso klein wie ich«, erzählte sie, die selbst mit vierzehn Jahren nur 1,40 Meter groß war.

Wie hängt das nun alles zusammen? In dem Buch »Marienorte« wird ein alter Bericht vom 11. Februar, dem Tag der ersten Erscheinung, wiedergegeben. Darin heißt es, dass Bernadette eine weiße Frau oder ein weibliches Wesen beschreibt, das in Weiß gekleidet und voller Güte sei und sie sprach von »era dama«, also »die Frau« oder »die Dame«. Als der Bischof von Tarbes sie befragte, hat sie die »dama« genauer beschrieben. Es sei eine kleine Dame wie eine Hada, in Weiß gekleidet wie eine Hada, wohlwollend und lächelnd wie eine Hada.

Auch Pater André Ravier berichtet in seinem Buch von einer ähnlichen Aussage Bernadettes: »Am Samstagabend geht Bernadette zu ihrem Beichtvater, Abbé Pomian, dem Priester, der die Kinder auf die Erstkommunion vorbereitet. ›Ich habe etwas Weißes gesehen, das einer Dame gleicht‹, schleudert sie ihm durch das Gitter des Beichtstuhls ins Gesicht, und sie erzählt ihm, was sich in Massabielle zugetragen hat. Der Abbé verhält sich klug. Er bittet dieses Beichtkind, das er kaum kennt, ihn vom Beichtgeheimnis zu entbinden, damit er über diese Geschichte mit Abbé Peyramale, dem Pfarrer von Lourdes, sprechen konnte.«

Das bedeutet nicht, dass Bernadette davon ausging, wirklich eine »hada« gesehen zu haben, doch es zeigt, wie vertraut sie – wie auch die anderen einfachen Leute von Lourdes – mit dem Wissen von den »weißen Frauen«, den »hadas« war, deren Anwesenheit man auch in der »Feengrotte« von Massabielle vermutete.

»Dama blanca«, wie die »hada«, in der baskischen Bevölkerung genannt wurde, war also die Bezeichnung, die Bernadette für ihre erste Begegnung mit der Erscheinung der Jungfrau Maria gebraucht hat. Diese Bezeichnung, die deutlich macht, wie vertraut Bernadette mit dem alten baskischen Erbe war, benutzte sie jedoch nur beim allerersten Mal an der Grotte, als sie den Unterschied zwischen einer kleinen weißen Frau der Feenwelt und der weißgekleideten Jungfrau Maria noch nicht erkennen konnte, da die Begegnung mit der Erscheinung zu neu und überwältigend war. Näher beschreiben konnte Bernadette die Jungfrau erst, nachdem sich ihre Erregung etwas gesetzt hatte. Und damit hatte sie auch die für sie richtige Bezeichnung für die himmlische Erscheinung gefunden: »Aquerò«.

Der französische Priester René Laurentin konnte anhand von alten Dokumenten nachweisen, dass Bernadette die Erscheinung genauso genannt hat, was er uns in seinem

Buch »Das Leben der Bernadette – Die Heilige von Lourdes« weitergegeben hat. Damit seine Gedankengänge nachvollzogen werden können, zitiere ich seine folgenden Ausführungen:

»›Aquerò‹ = ›cela‹ (das da): So hat Bernadette die Erscheinung bezeichnet, als diese sich noch nicht zu erkennen gab, also bis zum 25. März 1858. Dieses Wort ›Aquerò‹ kann in der Mundart zwei Bedeutungen haben, je nachdem, wo man den Akzent setzt: ›Aquéro‹ = ›celle-là‹ (diese), wenn der Akzent auf die zweite Silbe gelegt wird, was in diesem Fall die letzte Silbe ist, denn das ›o‹ bleibt praktisch stumm. Dieses Wort ist in allen okzitanen Dialekten weit verbreitet. ›Aquerò‹ = ›cela‹ (das da), wenn der Akzent auf die letzte Silbe gelegt wird. Dieses Wort kommt in der Mundart von Lourdes und in ganz wenigen anderen Gegenden vor. Wie sprach nun Bernadette dieses Wort aus? Die Dokumente, die ich für dieses Buch durchgesehen habe, lassen keinen Zweifel zu: Alle, die sich mit Bernadette vor dem 25. März in der Mundart von Lourdes unterhalten haben, Jacomet, der Staatsanwalt Dutour, der Journalist Romain Capdevielle, Estrade und seine Schwester Emmanuélite, Schwester Augustine, Marie Dufo und Pimorin, haben es alle so verstanden (Gesammelte Texte in: LHA 3, S. 142–144). Und Pimorin sagt am 21. März 1858, vier Tage, bevor sich die Erscheinung zu erkennen gibt, besonders deutlich: ›die Dame, die sie (Bernadette) nie anders bezeichnet hat als mit ›Aquerò‹ = ›cela‹ (das da).‹ Unter den Zeugen besteht diesbezüglich keine Uneinigkeit. Niemand übersetzt ›Aquerò‹ mit ›celle-là‹ (diese). Und diejenigen, die es nicht wagten, den Ausdruck ›Aquerò‹ zu verwenden, bezeugen es indirekt, indem sie das, was Bernadette sagt, mit einem abstrakten Ausdruck umschreiben; ›l'objet‹ (das Objekt) sagen die Ärzte, die sie am 27. März untersuchen. Dieser Ausdruck Bernadettes (von Historikern lange verschwiegen) ist zwar schockierend, aber alles andere als skandalös. Er gibt ihre Ehrerbietung vor dem Unaussprechlichen wieder. Er entstammt der sogenannten ›negativen Theologie‹. So haben die Mystiker, gebildete und ungebildete, gelegentlich das göttliche Licht als Nacht umschrieben und von Gottes transzendenter Existenz in Ausdrücken gesprochen, die eher an das Nichts denken ließen. All dies geschah aus dem Bemühen, nicht auf vergröbernde und unsachgemäße Weise von dem zu reden, was ›ganz anders‹ ist. Diejenigen, die für die Volkssprache nur Verachtung empfinden, erheben manchmal den Einwand, eine so einfache Person wie Bernadette habe sich nicht so gewandt ausdrücken können. Doch gibt es in der Tat im einfachen Volk ein Wissen und eine Erkenntnis von den Dingen Gottes, die, wie das Evangelium sagt, nicht die der Klugen und Weisen ist. Die Vergleichspunkte sind zahlreich. [...] Vor kurzem hat Jean Fourastié, Mitglied des Institut de France, im Figaro bei der Besprechung meines Buches ›Lourdes, eine Pilgerreise für unsere Zeit‹, in dem ich dieses Problem nicht angeschnitten habe, die obengenannte Hypothese wieder aufgegriffen. Er macht den Einwand, dass es in der Mundart seiner Kindheit, der von Quercy, das Wort ›Aquerò‹ nicht gebe. Nachdem er sich mit den in meinen Büchern enthaltenen historischen Argumenten vertraut gemacht und zusammen mit dem Abbé Toulze, einem neuprovenzialischen Dichter, in einem Sprachatlas nachgesehen hatte, machte auch er sich die zwingende Folgerung zu eigen: ›Es gab in Lourdes ein Wort, bestehend aus drei Silben, das soviel wie ›cela‹ (Neutrum) (auf deutsch: das da) bedeutet: Aquerò. Aber in fast allen übrigen Gegenden hat dieses Neutrum nur zwei Silben: Acò, Aquò, Acrò oder Ocò.‹ Das Wort ›Aquerò‹ ist besonders denen aufgefallen, die einen Sinn für das Geheimnisvolle und für spirituelle Echtheit haben.«

Auch Pater André Ravier bestätigt anhand der vorhandenen Dokumente sowohl, dass Bernadette bei ihren Verhören von einem weißen weiblichen Wesen sprach als auch, dass sie die Erscheinung Aquerò genannt hat, und er führt in diesem Zusammenhang an, wie unbestreitbar ehrlich Bernadette stets war, zu allererst zu sich selbst. Deshalb kämpfte sie auch seit der ersten Erscheinung gegen jede denkbare Täuschung an und begegnete

> »ganz ungezwungen diesem Zweifel, diesem Vorbehalt, diesem Widerstand, den die Meister der Spiritualität fordern. Diese ausgeglichene Klugheit Bernadettes wird auch deutlich während ihrer Verhöre vor den weltlichen und kirchlichen Behörden. Solange die Dame ihren Namen nicht genannt hat, lehnt Bernadette es ab, sie als Jungfrau Maria zu bezeichnen. Ein kleines neutrales Dialektwort gestattet ihr, die Wirklichkeit dessen, was sie gesehen und gehört hat, ganz stark zu bekräftigen, ohne darüber mehr zu sagen, als was sie gesehen und gehört hat: Aquerò ... ›Und dann sahst du die Heilige Jungfrau?‹, fragt Kommissar Jacomet? – ›Ich habe nicht gesagt, daß ich die Heilige Jungfrau gesehen habe.‹ – ›Also gut, du hast nichts gesehen!‹ – ›Doch, etwas habe ich gesehen.‹ – ›Nun, was hast du gesehen?‹ – ›Etwas in Weiß.‹ – ›War es etwas, oder jemand?‹ – ›Aquerò in der Gestalt eines kleinen Mädchens.‹ – ›Und Aquerò hat dir nicht gesagt: ›Ich bin die hl. Jungfrau‹?‹ – ›Aquerò hat es mir nicht gesagt.‹«

Doch ab dem 25. März sprach Bernadette nun plötzlich von »Unserer Lieben Frau von der Grotte« oder von »Unserer Lieben Frau von Massabielle«.

Die Schönheit der Jungfrau Maria

»Sie war viel, viel schöner, schöner als alles!«

Die Schönheit einer Frau gilt seit jeher als äußeres Zeichen ihrer inneren Reinheit und Keuschheit. Dieser Inbegriff eines reinen, spirituellen Lebens war Maria, die Himmelskönigin, und deshalb wurde sie auch von den Künstlern als die schönste weibliche Heilige dargestellt. Angeblich konnte aufgrund der inneren und äußeren Schönheit Mariens auch nur ein Maler mit makellos tugendhaftem Charakter die Reinheit der Madonna wahrhaftig wiedergeben.

Bernadette hatte diese Schönheit der Jungfrau Maria persönlich sehen dürfen, und wenn man die folgenden Beschreibungen der Unbefleckten Empfängnis, wie sie Bernadette wiedergab, liest, kann man verstehen, wie unglücklich sie über die Entwürfe der Statue war, die die Unbefleckte Empfängnis darstellen sollte. Denn obwohl sie die Erscheinung so oft hatte beschreiben müssen, war der Unterschied zwischen der Statue und der echten Erscheinung für Bernadette viel zu groß, und das schmerzte sie sehr. Leise sagte sie: »O, meine Dame ist viel natürlicher und gar nicht so müde und betet auch nicht immer.« So hatte sie auch dem Polizisten Jaconet erzählt: »Die Dame ist ganz natürlich, sie bewegt sich, sie kommt näher, sie spricht mit mir, sie grüßt alle Leute, und sie lacht sogar. Oja, sie kann sogar lachen.« Jean Barbet berichtet über Bernadettes Begutachtung der Statue: »Der aus Lyon stammende Bildhauer Fabisch betrachtete voller Genugtuung sein Werk, den Entwurf des Standbildes. Bernadette aber schüttelte den Kopf: Nein, das war es noch nicht … So hatte SIE das Haupt nicht gehalten, IHR Blick war anders gewesen, IHR Gürtel hatte keinen Knoten […] Und dann noch eins: IHR Schleier verdeckte IHR ganzes Haar, vollständig […] Von neuem machte sich der Bildhauer ans Werk und wieder bemängelte

Bernadette: ›Nein, Nein, die Frau vom Rosenstrauch, die Unbefleckte Empfängnis, SIE war viel schöner, viel, viel schöner, schöner als alles!‹ Unermüdlich fing der Bildhauer immer wieder von vorne an. Endlich war es soweit, dass sich Bernadette zufrieden zeigte, soweit der Meisel [sic] eines Menschen dazu imstande war, göttliche Züge wiederzugeben.«

Später im Kloster von Nevers zeigten der Dekan und der Hausgeistliche ihr am 29. März 1878 »die Photographie einer Marienstatue des berühmten Künstlers Armand Caillat aus Lyon. ›Wie finden sie diese Statue?‹ fragten sie Schwester Marie-Bernard. Sie betrachtete die Photographie aufmerksam, schloss die Augen, verharrte einige Augenblicke gesammelt und erwiderte schließlich: ›Das ist die am wenigstens schlechte. Ich weiß gar nicht, warum man die heilige Jungfrau so darstellt. Ich habe immer gesagt, dass SIE den Kopf nicht so nach hinten gelegt hat. Auf diese Weise hat SIE nie zum Himmel geschaut.‹«

Wie beschrieb also Bernadette die Jungfrau? Jean Barbet malt ihre schöne und lichte Erscheinung in der Wahrnehmung Bernadettes mit Worten, die sehr einmalig und berührend sind.

> »Anfangs umgab ein sanftes und goldenes Licht die Nische mit dem Rosenstrauch und den Felsen. Die Helle, in die alles getaucht war, wurde immer stärker und zuletzt erschien über dem wilden Rosenbusch, dem ›Dornenbusch‹, wie ihn Bernadette nannte, die FRAU. Die Frau ist wunderschön ... jung wie eine Fünfzehnjährige und von unsäglicher Anmut. Ihre Blicke rufen Entzücken hervor und ihr Lächeln ist von einer Güte ohnegleichen und von mütterlicher Zärtlichkeit. Ihre Güte ist mit menschlichen Worten nicht auszudrücken und in ihrer göttlichen Jugend ruht eine Größe und Majestät, die Bernadette nicht beschreiben kann. Sie beschränkt sich darauf, ständig zu

wiederholen: ›Sie war so schön! Über alles schön!‹ Eines Tages zeigte man Bernadette einige vornehme und elegante Damen der grossen Welt und man fragte sie: ›War sie so schön wie diese Damen?‹ ›Oh!‹ erwiderte sie, indem sie die ihr bezeichneten Gestalten verächtlich musterte, ›bedeutend schöner. Diese können nicht an sie heran!‹

Schön! … Schöner denn alles! … Ihr Kleid ist von blendender Helle, in der Höhe des Halses, wo feine Falten zusammenlaufen, geschlossen. Ein weisser Schleier, weiss wie Milch, bedeckt ihr Haupt bis zum Stirnansatz, fällt auf ihre Schultern, hüllt mit seinen weichen Falten kaum die Arme ein, und läuft dann an den Seiten entlang bis zu den Füssen. Ein blauer Gürtel umfasst die Hüften, seine Enden gehen ohne einen Knopf ineinander über; er reicht bis unter das Knie. Die Füsse sehen unbekleidet unter dem langen Kleid hervor und auf jedem Fuss liegt eine blühende, gelbe Rose. An einem Arm hängt ein langer Rosenkranz mit Perlen von leuchtendem Weiss, eine funkelnde gelbe Kette, und ein Kruzifix von der gleichen gelben Farbe wie die Kette. Der ganze Schmuck erstrahlt in hellem Licht und ist gleichzeitig wunderbar weich: Glanz einer anderen Welt, der die Frauengestalt in ein Glorienkleid hüllt, das strahlt, ohne auch nur im geringsten zu glitzern. Solange die Erscheinung dauert, versenkt Bernadette mit Verzückung ihren Blick in den Schein des Strahlenkreuzes. Sie betrachtet die Frau lange, unersättlich. Entzückt stellt sie die Züge des himmlischen Antlitzes fest, die Falten des Gewandes, die feinen und weissen Hände. Doch niemals sieht sie das Haar der Frau, die durch den Schleier bedeckt sind. Und das Licht? … Wie war dieses Licht? fragt man Bernadette. War es wie Licht von einer schönen Lampe, oder eines festlich erleuchteten Saales? Wie die Strahlen der Sterne? Wie das sanfte Licht des Mondes? Wie das blendende Licht der Sonne am Mittag? – Nein, die Strahlung erinnerte an kein Licht, das es auf Erden gibt. Es war ganz anders, schöner, viel, viel schöner! … Und das jungfräuliche Gewand? Man zeigte Bernadette den leuchtendsten Satin, die reichsten Spitzen. Niemals fand sie die Farbe oder die Art des wunderbaren Stoffes wieder, mit dem verglichen alles Weisse abgestanden aussah und jedes Gewebe grob. Es war etwas anderes gewesen, – und viel schöner! Man zeigte ihr alle Schattierungen von Blau: In keinem Farbton fand sie den Ton des Gürtels wieder, der um und vor der Gestalt der wunderschönen Frau schwebte, und sie wird mehrmals sagen, dass das Blau des Himmels nicht so blau ist … Und wie war es mit den Perlen des Rosenkranzes? Sie waren durchsichtiger und kostbarer wie Perlmutter, wie Kristall, kostbarer als alle Edelsteine … Und das Gold der Kette, an dem das Kruzifix hing? Es ähnelte nicht dem Gold, das die Menschen bewundern. Es ist ganz anders, viel, viel schöner! … Niemals wird sich Bernadette an diesen himmlischen Glanz gewöhnen, ihn vertraut finden. Bei der achtzehnten Erscheinung empfindet sie genau soviel Wonne wie am ersten Tag. Die hohe Frau erscheint aufrechtstehend, ihre Füsse auf den Rosenstrauch gesetzt. Sie grüsst Bernadette mit ausgebreiteten Armen, indem sie den Kopf leicht neigt, lächelt und nickt. Dann bekreuzigt sie sich mit dem Kreuz ihres aufgerollten Rosenkranzes. Sie bekreuzigt sich mit edler Anmut und unaussprechlicher Frömmigkeit und, indem sie ihre Hände faltet, lässt sie eine der weissen Perlen nach der anderen niedergleiten. Aber niemals, n i e m a l s, während sie ihren Rosenkranz ›pflückt‹ bewegen sich ihre Lippen.«

Die folgenden Aussagen Bernadettes über die Beschreibung der Jungfrau gibt Jean B. Estrade wörtlich wieder, wobei ich daran erinnern möchte, dass die Formulierung aus dem bigorrischen Dialekt über das Französische in unsere deutsche Sprache übertragen wurde.

> »›Fast in demselben Augenblick erschien in der Grotte eine goldgelbe Wolke, kurz darauf eine junge und schöne Dame – besonders schön. So außergewöhnlich schön, wie ich keine mehr gesehen habe, und stellte sich an den Eingang der Öffnung über dem Strauch.‹ [...] Alle wollten die geheimnisvolle Dame genau beschrieben haben. Schlicht und einfach erklärte Bernadette immer wieder: ›Sie sah aus wie ein junges Mädchen von 16 oder 17 Jahren. Sie trug ein weißes Kleid und als Gürtel ein blaues Band, das über das Kleid herabfiel. Auf dem Haupt trug sie einen weißen Schleier, so daß man ihr Haar kaum sehen konnte. Dieser Schleier fiel nach rückwärts bis unter die Taille. Ihre bloßen Füße waren von den unteren Falten ihres Kleides bedeckt. Nur an den beiden Fußspitzen erglänzten zwei gelbe Rosen.‹«

Jesus Christus selbst bezeichnete Maria als mystische Rose. Das hat er einem italienischen Priester in Form einer inneren Eingebung 1975 am 7. Dezember, der Vigil des Festes der Unbefleckten Empfängnis, mitgeteilt: »Schönheit, Reinheit, Licht und Liebe ist sie, die geheimnisvolle Rose. Aus ihrem Innersten strahlt die glühende Liebe, die alle im Himmel und auf Erden umhüllt und durchdringt. [...] Wahrlich, sie ist die geheimnisvolle Rose des Himmels und der Erde. [...] Die mystische Rose hat in ihrer Mitte die Farben der übernatürlichen Tugenden des Glaubens, der Hoffnung und der Liebe. Diese Farben gehen in Schattierungen über bis zum Goldgelb der Ränder, um anzuzeigen, daß sie auch die geheimnisvolle Rose der Kirche auf Erden ist.«

Wir wissen, dass die Rose das Symbol der Muttergottes ist. Doch da Symbole Verdichtungen darstellen, bewahren sie auch ein Geheimnis und deshalb kann man sich der Bedeutung der beiden goldgelben Rosen auf den Fußspitzen der Unbefleckten Empfängnis nur vorsichtig und respektvoll annähern. Es ist jedoch bekannt, dass das Gelb der Blütenblätter einer Rose in einem engen Zusammenhang mit Gold steht, das wiederum mit der Sonne in Verbindung steht und damit auch mit Christus, dem Licht der Welt.

Für den Arzt Markus Sommer scheint das Bild einer erblühten Rose die Erfüllung unseres tiefsten Strebens zu symbolisieren, es ist eine Ahnung, dass wir der Gotteswelt näher kommen, wenn wir duftende Rosen erleben. Denn der Duft einer Rose ruft eine friedliche und harmonische Stimmung in uns wach und es ist diese fühlbare Harmonie, die ihr eine herausgehobene Stellung unter allen Blumen verleiht. Auch die Liebeslyrik, die dort zuhause ist, wo wir uns mit unserem Ursprung verbunden fühlen, ist voller Rosen.

Marias Leben in Nazareth

Diese Ausführungen über die Rose leiten direkt über in eine wunderschöne poetisch-spirituelle Betrachtung über Maria in Nazareth, die für das christliche Gemüt vielleicht etwas ungewöhnlich ist, es aber ermöglicht, uns dem Geheimnis der Reinheit Marias seit ihrer Empfängnis anzunähern. Dazu ist es notwendig, sich dem christlich-orthodoxen Glauben zu öffnen, der davon spricht, dass sich in dem jungen Mädchen Maria, wie es Lukas in seinem Evangelium beschreibt, die Heilige Sophia, die Göttliche Weisheit, niederlassen konnte, die gemäß der Heiligen Schrift bei den alten Völkern auch als Weltseele bezeichnet wurde. Dieses kosmische Verständnis der Ostkirche ist nach Aussage eines Theologen auf einer Tagung von PRO ORIENTE 2005 in Salzburg in der westlichen Kirche aufgrund fehlerhafter

Übersetzungen verloren gegangen. Am Beispiel eines aus dem 6. Jahrhundert stammenden lateinischen Weihnachtshymnus bemerkte er in Bezug auf die Geburt des Gottessohnes, dass in der deutschen Übersetzung im Stundenbuch die Erlösung des ganzen Kosmos völlig ausgeblendet wurde. Denn Strophe für Strophe wurde entgegen dem lateinischen Text die Bedeutung der Erlösung auf die Menschen eingeschränkt. Bei anderen Übersetzungen war das auch der Fall. »Vermutlich war dem Übersetzer gar nicht bewusst, wie sehr er die göttliche Zielsetzung der Erlösung auf uns Menschen eingegrenzt und damit verfälscht hat. Aber gerade das scheint mir charakteristisch zu sein für den Verlust der kosmischen Dimension des durch Christus bewirkten Heils im abendländischen Bewusstsein.«

Diese theologischen Äußerungen betreffen auch die Jungfrau Maria, denn auch sie wird im abendländischen Bewusstsein oft nur als ein rein irdisches Wesen betrachtet, wohingegen meine diesbezüglichen Ausführungen sehr deutlich machen, dass die Reinheit und Vollkommenheit ihres ganzen Wesens kosmisch sind und demnach der orthodoxe Glaube, dass die Jungfrau Maria von der Heiligen Sophia durchdrungen oder überschattet war, der Wahrheit sehr nahe kommt.

Der Theologe Emil Bock schildert in seinem Buch »Kindheit und Jugend Jesu« aus dem Jahre 1939 die Jungfrau Maria in einer besonders geistig-erhebenden Art, die ihre kosmische Dimension wieder ins Blickfeld rückt. In seinem Kapitel »Die lukanische Maria – Das jungfräuliche Wesen« weist er mit folgenden Worten auf das Geheimnis der Jungfrau Maria hin:

> »Das Leben der jungen Maria, von der das Lukasevangelium spricht, verläuft in einer blumenhaften Stille und Seelenumwobenheit. Das Wunder dieser Seelenwesenheit bedarf, um zu sich selber zu kom-

men und sich zu erfüllen, keiner dramatisch-wechselvollen Erdenschicksale. [...] Sie braucht nur zu sein und auszustrahlen und wie eine Blüte sich zu entfalten, ruhevoll an einen und denselben stillen Umkreis gebunden. Nach den Maßstäben irdischer Wertungen bedeutet das Mädchen Maria nichts. Die Augen der Welt ruhen nicht auf ihr, sie blicken an ihr vorüber. Dennoch ist sie der Sammelpunkt von Strahlen, die so nur einmal aus höchsten himmlischen Sphären auf die Erde gedrungen sind. In ungetrübtester Reinheit und Vollkommenheit spiegelt sich in ihrem Wesen und Antlitz ein göttliches Urbild, das in der geistigen Welt die Menschheit überschwebt. Wie sich in dem Kinde, das sie gebären soll, das Urbild des Kindes und der Kindlichkeit spiegelt und verkörpert – ein Brennpunkt allen Kindseins auf Erden –, so ist die lukanische Maria wie das auf die Erde versetzte Urbild alles jungfräulichen Frauentums, die Gestaltwerdung des »Ewigweiblichen«, die Frau der Frauen. Die alten Völker haben unter vielen Gestalten zu der jungfräulichen Weltenmutter [wie auch die Urbasken] emporgeblickt und in ihr das wirkende Dasein eines Wesens wahrgenommen, das als die Weltseele die makrokosmische Entsprechung ist zu dem mikrokosmischen Seelengeheimnis des einzelnen Menschen. Daß man die Seele der Welt als eine Göttin und nicht als einen Gott ansah, hat die gleiche Ursache, wie daß der weibliche Mensch reiner und deutlicher als der männliche ein Bild der Seele ist. In den paradiesischen Urbeginnen war das noch nicht in die feste irdische Leiblichkeit eingezogene Wesen des weiblichen Menschen ein unmittelbares, ungetrübtes und vollständiges Abbild der jungfräulich-mütterlichen Weltseele. Die biblische Schöpfungsgeschichte läßt uns dieses mit dem Urbild identische Abbild in der Eva vor dem Sündenfall ahnen. Nach dem Absturz in die harte, dunkle Irdischkeit konnte das Irdisch-Weibliche immer nur noch eine entstellte, verzerrte Spiegelung des Ewigweiblichen sein. In der jungen Maria des Lukasevangeliums aber schien die Urjungfräulichkeit und Urmütterlichkeit, von aller Entstellung befreit, wieder auf Erden Gestalt angenommen zu haben. [In ihr schien] das bewahrte paradiesische Wesen der Eva vor dem Sündenfall irdisch sichtbar zu werden. In aller äußeren Unscheinbarkeit war hier eine Menschenseele ganz und gar überschwebt und durchdrungen von der Weltseele, und durch sie hindurch von der reinen Lichtwesenheit des Kosmos, die in der alten Welt Sophia […] genannt worden ist. Und wenn die Menschen auf der Erde keinen Blick für dieses Wunder hatten: ganz gewiß haben die Wesenheiten einer höheren Welt mit Wohlgefallen und leuchtender Liebe auf das kindlich mädchenhafte Frauenwesen herniedergeschaut.

Der Garten, in welchen die Vorsehung diese Blume eingepflanzt hatte, war Galiläa, das ja wirklich ein irdisches Abbild des Paradiesesgartens war. Ob Maria in Nazareth selbst oder in der galiläischen Umwelt aufgewachsen ist: hier konnte ihre Seele das lichtdurchglänzte Träumen und Weben fortsetzen, das in den himmlischen Welten ihr Inhalt und Anteil an dem kosmischen Liebestraum der jungfräulich-mütterlichen Weltseele gewesen war. […] Und so war denn auch ihr Leben als Maria in Galiläa mehr himmlisch als irdisch. Mit einer noch ganz ungebrochenen und schattenlosen Empfindungsfähigkeit lebte und webte sie in der Natur und in der Menschengemeinschaft, überall voller Vertrauen an die tragenden Seelenkräfte hingegeben, die ihr da begegneten. […] Es gibt nirgendwo auch nur die geringste Andeutung über die Herkunft der lukanischen Maria. Wichtiger als das Geschlecht, aus dem sie leiblich stammte, war die Himmelsherkunft ihrer Seele.«

In einem Kapitel über Nazareth schildert Emil Bock auch die damalige Atmosphäre in Galiläa, der Heimat der jungen Maria, und wir können nachempfinden, dass diese besondere Gegend der Reinheit ihrer Seele entsprach. Wie wichtig die Atmosphäre eines jeden Ortes ist, wird in der Beschreibung Emil Bocks deutlich.

> »Nazareth ist auf den Höhen von Galiläa in einen irdischen Himmel eingebettet. Der drohende unterirdische Ernst der Wüste Judäa, der im Kreise um Bethlehem lagert, ist weltenfern. Die sonnendurchglänzte Ätheratmosphäre unter dem blauenden Himmel, die weit sich dehnenden grünen Wiesen und Felder breiten ein paradiesisches Element ringsherum aus. Der Berg der Verklärung, der Berg aller Berge, überragt mit seiner himmlisch-sphärischen Rundung den Horizont, wenn man von den höher gelegenen Punkten auf das Städtchen herniederblickt. Der See Genezareth, der See der Seen, das wunderbare Spiegelauge einer junggebliebenen Erde, blaut zu den Höhen von Nazareth empor. Nach Westen zu, wo nachmittags die Sonne wie aus flüssigem Metall aus den Fluten des Mittelmeeres widerstrahlt, tun sich die Weiten der Welt auf. Vom Norden her spricht durch den majestätischen schneebedeckten Gipfel des Hermon die erhabene Welt der väterlichen Urvergangenheiten. Wir befinden uns in einem Brennpunkt, um den die Wunder von Galiläa im Kreise herum versammelt sind. Wir fühlen uns in einer Welt, in der, weil sie dem Himmel nahe geblieben ist, das Irdische mehr als anderswo gleichnishaft durchsichtig ist für die Sphäre der Urbilder alles Seins. […] Wir müssen uns wohl vorstellen, daß es in Nazareth […] manche Menschen gab, die sich von Natur aus eine große wesenhafte Kindlichkeit und paradiesische Unschuld bewahrt haben. [Ein herausragendes Wesen war da] Maria, in denen die naturgeschenkte Kindlichkeit und Unschuld

> eine ganz besonders wesenhafte und ausstrahlende war. Insbesondere Maria war eigentlich viel mehr ein Engel als ein Mensch. Die ungetrübte, himmlische Reinheit ihres Wesens muß sich in einer gar nicht zu übertreffenden Harmonie und Schönheit ihres ganzen Wesens, bis in ihr Antlitz hinein, ausgeprägt haben. […] Das ist das Geheimnis des lukanischen Marienlebens: von stillen Erdenverwirklichungen himmlischer Urbilder, von stillen Erwartungen sehnsuchtsvoller Menschheitsverheißungen ist es erfüllt. […] Unbeachtet von der Welt, aber in himmlischer Schönheit waren in ihrem Leben uralte Sehnsüchte der Menschheit gestillt.«

Und in dem Kapitel »Die Geburt der Maria« schreibt der Theologe begeistert weiter:

> »Die lukanische Maria steht wie ein himmlisches Bild vor unserer Seele. […] Bei ihr ist das innere Wesen wichtiger als das äußere Schicksal. Der Himmel scheint sie in die aufgeregten Strudel und Wirren der Erdenschicksale hineingesandt zu haben, um den Sturm zu beschwichtigen und durch sie Möglichkeiten zu begründen, die sich aus den Gesetzmäßigkeiten des irdischen Daseins allein nicht ergeben. So sind es nicht die Dramatiker und Erzähler, sondern die Maler gewesen, die ihr Wesen darzustellen unternommen haben. […] Da waltet ein himmlisches Element, das, über Raum und Zeit erhaben, ganz in Innerlichkeit aufgeht und in äußerer Hinsicht keines Reichtums bedarf.«

Was bedeutet die Unbefleckte Empfängnis für uns?

»O Maria, schön wie der Mond, strahlend wie die Sonne, in deren Antlitz die Seligen schauen und die Engel sich widerspiegeln, mache, daß wir, deine Kinder, dir ähnlich werden. Laß unsere Seelen einen Strahl deiner Schönheit aufnehmen, der mit den Jahren nicht untergeht, sondern neu aufleuchtet in Ewigkeit. Amen.«

Dieses bekannte Gebet, das den Worten des Theologen Emil Bocks entspricht, drückt sehr gut die Bedeutung der Unbefleckten Empfängnis für uns Menschen aus. Der Priester Ulrich Filler beschreibt als Kaplan die damit verbundene Aufgabe jedes Christen folgendermaßen:

> »Bei Maria fallen die Schöpfung und die Erlösung zusammen – während wir durch das Sakrament der Taufe zu Kindern Gottes werden, trat sie bereits ganz und gar als Kind Gottes ins Dasein. [...] Maria als die ›Vorerlöste‹ ist uns ein unvergleichliches Vorbild und Ideal, dem wir in unserem Leben nacheifern sollen: Auch wir sollen die Erlösungsgnade annehmen, wir sollen versuchen, immer wieder das Böse zu besiegen und das Gute zu tun, wir sollen versuchen, immer heiliger zu werden – wir sollen in unserem Leben tatkräftige Mitarbeiter Gottes sein auf dem Platz und in der Aufgabe, die uns gestellt ist. Maria ist uns dabei nicht nur Vorbild, sondern gerade weil sie auf die vollkommene Art und Weise Mitarbeiterin am Heilswerk Gottes ist, kann sie uns in unserem Mühen und Streben durch ihren mütterlichen Beistand helfen. Nirgendwo kommt ihre Sorge um uns so schön zum Ausdruck wie in der Marienerscheinung in Lourdes. ›Que soy era Immaculada Councepciou‹ – ›Ich bin die Unbefleckte Empfängnis‹. Wenn sich Maria als ›Un-

> befleckte Empfängnis‹ vorstellt, dann wird deutlich, dass mit diesem Titel nicht nur etwas über Maria ausgesagt wird, sondern auch über uns und unsere Berufung und Aufgabe, Mitarbeiter Gottes zu sein und immer mehr zu werden.«

Über die Herkunft der jungfräulichen Maria wissen wir, wie Emil Bock ausführt, nichts. Das heißt, dass auch nichts an irdischer Vergangenheit dieser himmlischen Seele anhängt. Doch wir Menschen haben eine Vergangenheit, eine Vergangenheit mit Licht-, aber auch mit Schattenseiten. Unser Leben ist nicht rein himmlisch und vollkommen geprägt, sondern wir müssen erst zu Trägern einer Vollkommenheit werden, die nur auf dem dornenvollen Pfad eines mit Leid erfüllten Schicksals errungen werden kann. Für uns geht es um die Erringung einer neuen seelischen Jungfräulichkeit, nicht um eine Jungfräulichkeit, die zurückführt zum Ursprung, sondern einer Jungfräulichkeit, die angereichert ist mit den Erfahrungen unseres Lebens auf der wundervollen Erde, um eine Jungfräulichkeit, die erkämpft wurde. Dabei offenbart sich uns in der Jungfrau Maria bildhaft das reine hohe Ziel auch unserer ganz menschlich gewordenen Seele, denn die Unbefleckte Empfängnis ist von Natur aus Trägerin einer himmlischen Vollkommenheit. Wir können in ihr etwas von der alten paradiesischen Jungfräulichkeit des Urbeginns sehen, in der die Menschen vor dem Sündenfall lebten. Und obwohl der Mensch tief in sich selbst diese ursprüngliche Jungfräulichkeit und Reinheit immer noch von Natur aus besitzt, sind mit der Erlangung der neuen Jungfräulichkeit Kräfte verbunden, die erst erweckt werden müssen, auf die der Mensch jedoch nicht verzichten kann. Denn nur sie führen ihn zur Wiedererlangung der einst verlorenen Jungfräulichkeit in seinem ganzen Wesen. Und das sind die Kräfte Christi, die wir in uns erwecken müssen, in dem wir IHM unser Herz öffnen. Denn nur dann sind wir stark genug, den dornenvollen Pfad zu beschreiten, der uns in die Vollkommenheit und damit in die Liebe führt, die das Ziel des Erdenlebens ist.

Emil Bock erklärt dazu: »[N]och weniger kann die Menschheit auf die ichhaft errungene, zugleich mütterlich werdende Jungfräulichkeit verzichten, die der Erdenschwere und Sündigkeit abgekämpft ist. Nach ihr muß jeder Mensch, nicht nur der weibliche, streben. Die Kräfte der alten naturgegebenen Jungfräulichkeit, die nur durch asketische Sündenvermeidung aufrecht erhalten werden kann, reichen je länger, je weniger aus.« Die wirkliche Erlösung für uns alle geht über die Läuterung durch das Leid, auch wenn wir uns dagegen sträuben. Denn es ist die Menschenseele, die bereitwillig den sogenannten Eva-Fluch getragen und durchlitten hat, die, durch dieses erlittene Leid geläutert, sich die neue innere Jungfräulichkeit erringen kann und dann von dem paradiesisch-gebliebenen Teil des Evawesens, der »Weltenjungfräulichkeit«, durchseelt wird.

Doch um das zu meistern, brauchen wir dieses große Vorbild der Unbefleckten Empfängnis. Deshalb geht ihre Erscheinung auch jeden Menschen ganz persönlich an. Vielleicht ist das auch ein Grund dafür, dass dieses Dogma als einziges Mariendogma vom Himmel bestätigt wurde, da es den Menschen ihr Lebensziel aufzeigt. Den Weg dahin muss jede Seele allerdings allein gehen, durch die Dornen des irdischen Lebens hindurch, durch Umkehr und ständigen Neuanfang, auf der Suche nach dem Willen Gottes im alltäglichen Leben. Doch die Schwierigkeiten des eigenen Lebensweges anzunehmen machen die Seele stark. Und die Jungfrau Maria ist uns hier nicht nur Vorbild, sondern auch Hilfe und Wegweiserin, da sie, wie wir gesehen haben, weit mehr ist als eine irdische Schwester. Die Menschen sollen sich zum Göttlichen erheben und dürfen nicht das Göttliche auf die menschliche Ebene herabziehen. Diese Fähigkeit haben wir alle; sie schenkt der Geist Christi uns in unserem Herzen, wenn wir darum bitten. Das bedeutet auch, dass der Mensch seinen eigenen Willen vollkommen mit dem göttliche Willen vereinen kann, ohne sich selbst aufzugeben, denn der Wille Gottes entspricht unserem eigenen Willen, der tief in unserem Seelenkern verborgen ist. So geht es darum, die von Christus geschenkte Freiheit dazu zu nutzen, »Ja« zum Herrn, »Ja« zu der Liebe in unserem Herzen zu sagen, die uns hilft, uns als Kinder Gottes würdig zu erweisen und makellos wie die Unbefleckte Empfängnis zu werden, die bereits vor ihrer Geburt absolut rein war. Doch um dieses Vorbild anzunehmen, muss der Mensch die Unbeflecktheit der Jungfrau Maria so sehr lieben, dass er sie auf keinen Fall verletzen möchte. Und da sie uns in Lourdes in ihrer Makellosigkeit sozusagen unser eigenes Lebensziel vor Augen führt, ist es ein unausgesprochenes Gesetz des Respekts und der Ehrerbietung ihr gegenüber, am heiligen Ort ihrer Erscheinung, an dem sie weiterhin anwesend ist – wie es viele Gläubige bestätigen können – in angemessener Kleidung und mit entsprechendem Benehmen zu betreten. Doch sind sich die Gläubigen bewusst, dass es die Jungfrau betrüben könnte, wenn sie nicht respektvoll gekleidet sind und sich nicht entsprechend benehmen? – Denn SIE ist darüber sehr betrübt. Das geht deutlich aus einer inneren Einsprechung an den italienischen Priester Don Gobbi – der auf Anweisung Mariens die Marianische Priesterbewegung ins Leben gerufen hat – hervor, nachdem die Jungfrau Maria ihn am 3. Juli 1976 nach Lourdes geführt hatte. Sie sprach folgende Worte, die man sich sehr zu Herzen nehmen sollte: »Heute hast du gelitten beim Anblick der Profanierungen an diesem mir geweihten Ort! Ja, zahlreich sind die Schmerzen, die diesem meinem Mutterherzen zugefügt werden von Kindern, die so unziemend gekleidet zu mir kommen und es dabei sogar wagen, so knapp an mein verehrtes Bild heranzutreten. [...]

Nimm teil an meinem Schmerz und sühne für diese wirklichen Profanierungen, die täglich an diesem mir geweihten Ort begangen werden.«

Passend dazu hat ein Priester die geschichtliche Bedeutung der Jungfrau Maria in Lourdes ausgedrückt: »Es ist ein von ihr festgehaltener Ort, der uns aufruft zu Buße und Umkehr, damit wir so werden, wie Maria, ›Die Unbefleckte Empfängnis‹: Vollkommen und rein!« Und zu Buße und Umkehr gehört ein entsprechendes Leben voll Ehrfurcht und Respekt vor dem Göttlichen in all seinen Ausdrucksformen sowie ein demütiges Hinnehmen des eigenen Schicksals, indem man sich nicht darüber beschwert, sondern den Widerständen ins Auge schaut, um sie zu meistern. Und mit diesen Gedanken komme ich zum Wasser der Quelle, das eine enge Beziehung zu diesen Forderungen der Unbefleckten Empfängnis hat.

Die Entdeckung der Quelle
Buße und Umkehr

In Lourdes gibt es zwei bedeutsame Ereignisse, die diesen Wallfahrtsort von anderen Wallfahrtsorten unterscheiden, da sie Himmel und Erde aufs Engste miteinander verbinden. Das eine ist das himmlische Ereignis der Erscheinung der Unbefleckten Empfängnis, das andere das irdische Ereignis der Freilegung einer Quelle nach der Aufforderung der Jungfrau Maria an Bernadette: »Gehe zur Quelle und wasche dich dort«. Diese Aufforderung hat eine örtliche Bedeutung und betrifft inzwischen alle Menschen, die mit diesem Wasser in Kontakt kamen und kommen.

Zur Offenlegung der Quelle durch Bernadette schreibt Pater André Ravier Folgendes:

»Die ›Entdeckung‹ der Quelle ist schwierig zu datieren. Sicher war es ein Tag zwischen dem 22. und 27. Februar. Aber welcher? Die Historiker weichen voneinander ab. Wir schließen uns der Wahl von Abbé Laurentin an, dem Datum des 25. Februar.

›*Die Dame sagte mir, ich solle zur Quelle trinken gehen und mich dort waschen. Da ich keine Quelle sah, ging ich zum Gave, um zu trinken. Die Dame sagte mir, es sei nicht dort. Sie machte mir mit dem Finger ein Zeichen, unter den Fels zu gehen. Nun war ich dort, und ich bemerkte ein bißchen Wasser, das wie Schlamm aussah. Es war so wenig, daß ich kaum ein wenig davon in die hohle Hand nehmen konnte. Ich gehorchte jedoch und fing an zu kratzen, dann konnte ich davon nehmen. Dreimal habe ich es weggeschüttet, so schmutzig war das Wasser. Beim vierten Mal konnte ich davon trinken. Sie veranlaßte mich auch, Gras zu essen, das an der gleichen Stelle stand, wo ich getrunken hatte; ein einziges Mal nur – warum weiß ich nicht.*‹ Jedem, der ihr später sagen sollte, daß dies eine verrückte Handlung war, würde sie antworten: ›Wir essen ja auch Salat.‹ ›*Dann verschwand die Erscheinung, und ich zog mich zurück.*‹ Eine Sache erstaunt jeden, der mit den handschriftlichen Berichten über die Erscheinung vertraut ist. Nirgendwo schreibt Bernadette darin das Wort ›Buße‹. Im Gegenteil, es ist immer die Rede vom ›Beten für die Sünder‹. Sollte Aquerò das Wort ›Buße‹ nicht verwendet haben? Doch, die mündlichen Berichte Bernadettes und die Erzählungen der Zeugen bestätigen es ausdrücklich. Auf jeden Fall hatten die Gebärden, die Aquerò Bernadette mehrere Male andeutete, wie: sich an der Quelle zu waschen, auf den Knien auf dem nackten Boden vorwärts zu rutschen, die Erde zu küssen, einen Sinn, der ihr nicht entging. Wer sie fragte, warum die Dame sie angewiesen hatte, ein paar Halme dieses Grases zu essen, das am feuchten Rand der Quelle wuchs, dem antwortete sie einfach: ›Für die Sünder‹. Gebet und Buße gehörten

> in ihren Augen zusammen, wenn es darum ging, die Sünder zu bekehren.«

Jean Barbet und Jean B. Estrade berichten sogar jeweils von zwei anderen Erscheinungen, die die Buße zum Thema hatten. So schreibt Jean Barbet, der in seinem Buch jedoch nicht alle Erscheinungen wiedergibt, von der sechsten Erscheinung am 21. Februar:

> »Auch an diesem Morgen betrachtet Bernadette die Vision in der Unbeweglichkeit ihrer Verzückung. Plötzlich sieht man, wie sich Bernadette vornüberbeugt und die Erde küsst. Dann rutscht sie auf den Knien den steilen Hang hinauf bis zum Fuss des Rosenstrauches. Auf dem Weg dorthin berührt sie den Boden häufig mit ihren Lippen; denn die Erscheinung hatte ihr gesagt: ›Du wirst für die Sünder zu Gott beten. Du wirst zur Bekehrung der Sünder die Erde küssen.‹ Und SIE hatte ihr ein Zeichen gegeben, auf den Knien heranzukommen. So küsste Bernadette die Erde [...] Schliesslich wendet sich Bernadette an die Versammlung und gibt dieser ein Zeichen: Ein zwingendes Zeichen, das der Menge befiehlt, sich zu verneigen. Niemand versteht sie. Da legt Bernadette einen Finger auf ihre Lippen, lässt ihn dort einen Augenblick verweilen und weist dann mit dem Finger steil und befehlend zur Erde hinab. Von dieser Gebärde und dem Blick, der sie begleitet, geht eine solche Autorität aus, das sie befehlen: ›Auch ihr werdet nun die Erde küssen!‹, so dass sich auf der Stelle mehrere Personen auf die Knie niederlassen und mit ihren Lippen den Sand berühren. Die Mehrzahl jedoch versteht nicht und bleibt unbeweglich, während Bernadette diese mit einem Gesicht voller Trauer betrachtet. Immer noch auf den Knien kommt sie schliesslich den Hang [vor der Grotte] wieder herunter, wobei sie fortwährend die Erde küsst. Auf ihren Platz zurückgekehrt, gibt sie sich

vor der Nische erneut der Betrachtung hin. Von diesem Tage an, solange die Erscheinungen noch andauerten, erhielt sie von der Vision immer den gleichen Befehl, die gleiche Ermahnung. Jeden Tag erklomm Bernadette schweigend auf den Knien den Hügel und kehrte den Weg auf den Knien schweigend zurück. Eines Tages jedoch hörte man sie deutlich die Worte aussprechen: ›Busse! ... Busse! ... Busse! ...‹ An einem bestimmten Tag führte sie sogar mehrere Male diese Aufstiege aus: Ihr Gesicht behielt dabei ständig den Ausdruck freudiger Ergriffenheit, aber ein Schatten sanfter Trauer verschleierte es, ohne jedoch das Lächeln daraus zu verbannen. Von der Nische dort oben aus lächelte ihr die hohe Frau zu, wie um ihrer Bussübung zuzustimmen und sie durch das entzückende Zeugnis IHRER Freude zu belohnen. ›Ich habe einige Male geglaubt‹, schreibt ein Augenzeuge, ›dass unsichtbare Wesen Bernadette dabei unterstützten, dass sie den Hügel so behände erreichen und so hurtig wieder zurückkehren konnte!‹ ›Aber warum bist du auf den Knien gerutscht und hast die Erde geküsst?‹, fragte man sie am ersten Tag. ›Die Erscheinung hat es mir befohlen. Es ist zur Busse für mich und die anderen ...‹ ›Warum hast du uns ein Zeichen gegeben, die Erde zu küssen?‹ ›Die Frau wollte sagen, dass auch ihr Busse für die Sünder tun solltet!‹ Es war etwa ein Jahr später, als einige Geistliche Bernadette gegenüber folgende Einwände hatten: ›Es ist aber seltsam, dass die Heilige Jungfrau das alles von dir verlangt hat! Das sind schon merkwürdige Dinge, die gar nicht vernünftig erscheinen!‹ Sie antwortete in einem überzeugten Ton, indem sie die Augen niederschlug: ›Ach, wenn es um die Bekehrung der Sünder geht! ...‹«

Jean B. Estrade, der an diesem Tag selbst nicht an der Grotte sein konnte, gibt vom 24. Februar einen entsprechenden Bericht seiner Schwester wieder:

»Zur gewohnten Zeit erschien Bernadette, und ohne auf die Blicke zu achten, die von allen Seiten auf sie gerichtet waren, ging sie bis zu dem Stein, auf dem sie bereits in den letzten Tagen gekniet hatte. [...] Hatten die bisherigen Mitteilungen der Dame an Bernadette einen rein privaten Charakter, so sollte sich das von diesem Tag an ändern. Nicht nur ihrem auserwählten Kind Bernadette wollte sie ihre Huld und Güte erweisen, sondern ihre erbarmungsreichen Schätze auch für die ganze Welt erschließen. Daher hat diese achte Erscheinung der Allerseligsten Jungfrau auch eine ganz besondere Bedeutung. Meine Schwester berichtete mir, wie sich Bernadettes strahlendes Gesicht bei dieser Erscheinung plötzlich veränderte und von einer tiefen Trauer befallen wurde. Die Seherin, so hatte man den Eindruck, bemühte sich, nach der einen Seite des Felsens hin zu lauschen, ließ dann aber ihre Arme sinken wie jemand, der eine Trauernachricht empfängt. Tränen rannen über ihre Wangen. In ganz demütiger Haltung erreichte sie auf den Knien rutschend den Pfad, der an der Nische vorbeiführte, und küsste immer wieder den Boden. Bis zu dem wilden Rosenstrauch wiederholte sich das. Hier erhob sie ihre Augen zu der ovalen Öffnung der Felsennische, als ob sie hier die Worte einer geheimen Botschaft entgegennehmen wollte. Wie später behauptet wurde, wandte sich Bernadette anschließend zu den Zuschauern und rief weinend und schluchzend aus: ›Buße! Buße! Buße!‹ Meine Schwester war zu weit von der Seherin entfernt und konnte diese Worte nicht verstehen. Auf jeden Fall steht fest, daß die Seherin sie aus dem Munde der Dame vernommen hatte. Wieder in die ursprüngliche Stellung zurückgekehrt, versank Bernadette von neuem in Ekstase.«

Im Themenheft PURspezial über Lourdes steht in der Auflistung der Erscheinungen ebenfalls am 24. Februar: »Die Botschaft der Dame lautet: ›Buße! Buße! Buße! Bete zu Gott für die Sünder! Küsse die Erde zur Buße für die Sünder!‹« Und außerdem am Sonntag, dem 28. Februar: »Bernadette betet, küsst den Boden und bewegt sich zum Zeichen der Buße auf ihren Knien vorwärts.«

Auf die geschilderten Verhaltensweisen Bernadettes, die Ausdruck ihres ganzen Charakters sind, werde ich erst im Folgeband dieses Buches näher eingehen. Doch die dringenden Aufrufe der Jungfrau Maria nach Buße, die Bernadette so oft weitergab und denen sie selbst Folge leistete, bedürfen noch einiger Ausführungen – auch wenn ich darauf bereits auf vielfältige Weise eingegangen bin. Dabei lag mein Augenmerk auf dem Begriff der Umkehr, der Besserung, des Wandels und Neubeginns. Denn die Umkehr steht in einem engen Zusammenhang mit der Buße, die im Deutschen gleichbedeutend ist mit Reue und Sünde. Reue bedeutet den Schmerz über etwas, was man getan, gedacht, gefühlt oder unterlassen hat, und ohne Reue gibt es im Menschen auch kein Bedürfnis nach Buße oder Sühne, kein Bedürfnis, das eigene »Vergehen« wieder gut zu machen beziehungsweise umzukehren. Hildegard von Bingen wurde gesagt, dass die Reue die große verwandelnde Kraft in der Welt sei: »Der folgenschweren menschlichen Verhärtung steht mit noch gewaltigeren Folgen die menschliche Reue gegenüber, die nicht nur die Seelen erschüttert, sondern Himmel und Erde und die Welt der Engel in Bewegung zu versetzen vermag.« Dazu gehört es auch, Mensch, Tier oder Pflanze sofort um Verzeihung zu bitten, wenn man sie verletzt hat; aber sich auch mit der Bitte um Verzeihung an Gott zu wenden, da man sich gegen Sein Liebesgebot verhalten hat, sei es in Gedanken, Gefühlen, Wort oder Tat. Es geht letztendlich um die Verwandlung der eigenen Seele, zu der zwei Dinge gehören: Das Gebet und die eigenen

Schritte, die wir Kraft des Geistes Christi in uns gehen können. Das beginnt mit der Gedankenkontrolle, wie es in den folgenden bekannten Sätzen heißt: »Achte auf deine Gedanken, denn sie werden deine Worte. Achte auf deine Worte, denn sie werden deine Handlungen. Achte auf deine Handlungen, denn sie werden deine Gewohnheiten. Achte auf deine Gewohnheiten, denn sie werden dein Charakter. Achte auf deinen Charakter, denn er wird dein Schicksal …«

Der Theologe Urs Keusch setzt den Begriff der Buße mit »sich bessern« gleich: »Ich darf und ich kann mich bessern. Ich kann getanes Unrecht wiedergutmachen. Ich kann den besseren, den schöneren Menschen, das Kind Gottes in mir herausarbeiten, wie der Bildhauer die Idee in einem Stein. Ich kann heil und heilig werden! Ich kann sogar hemmenden Einfluß nehmen auf den Lauf des Bösen, das von mir ausgegangen ist. Das führt zur inneren Wiedergeburt, zur inneren Auferstehung und zum Fortschritt zum Höheren.« In diesem Sinne möchte ich auch meine Ausführungen zum Neubeginn in Christus verstanden wissen.

Lourdes und seine Wunder

Was in Lourdes geschehen kann, wenn ein Mensch sich durchgerungen hat, »das Kind Gottes aus sich herauszuarbeiten«, wie es Urs Keusch so wunderbar plastisch ausdrückte, um die Gnade Gottes empfangen zu können, zeigt das folgende Zeugnis des 44jährigen Davids, eines Helfers aus Paris: »Hier habe ich Gnade empfangen. Als ich voriges Jahr Lourdes verließ (ich war gekommen, um ein Gelöbnis einzuhalten), war ich sehr traurig. Und deshalb bin ich dieses Jahr wiedergekommen. Ich wollte wieder Dienst an den Kranken tun! Seit meiner Abreise voriges Jahr war ich stets von Gnade begleitet. Es gab keine Schwierigkeiten mehr in meinem Leben; die finsteren Gedanken, die Probleme, mit denen ich mich quälte (private und berufliche), verschwanden von selbst. Lourdes ist ein Ort der Liebe. Wer zum Felsen kommt, geht niemals mit leeren Händen weg. Man empfängt dort immer etwas. Da wird mir niemand widersprechen. Lourdes ist an sich schon ein Wunder, es geht nicht unbedingt um die spektakulären Heilungen von entstellten, gelähmten Körpern; für mich geschieht das Wunder jeden Augenblick.«

Dr. Patrick Theillier, seit 1998 Leiter des medizinischen Büros in Lourdes, veröffentlichte 2008 zu dem Thema »Heilung und Wunder« in der Zeitschrift VISION 2000 einen kleinen Text mit dem Titel: »Das Wichtigste ist die Bekehrung des Herzens« – ein Satz, der auch mir aus der Seele spricht.

Das bringt er so zum Ausdruck:

> »Der französische Philosoph Blaise Pascal sagte zu dem Thema: Im Wunder gibt es ausreichend viel Licht für jene, die es sehen möchten, und genug Dunkelheit für jene, die nicht sehen wollen. Wunder sind also Zeichen, die eine Frage an uns richten. Sie sind ein Anruf an uns. Wunder sind also Zeichen, mit denen sich Gott ganz konkret in dieser Welt manifestiert. Und Lourdes ist ein Ort, wo es regelmäßig solche Zeichen gibt, es ist wie ein Leuchtturm, der besondere Zeichen in diese Welt sendet. Es ist nicht zufällig, daß diese Erscheinungen vor 150 Jahren stattgefunden haben, am Beginn der industriellen Revolution, die dann zu den extremen Entwicklungen im 20. Jahrhundert und zu den heutigen Verwirrungen der Überflußgesellschaft und ihrem Verlust der Ordnungen geführt hat. Auch heute erinnert uns Maria, daß das Wichtigste für den Menschen die Bekehrung des Herzens ist. Ich schätze das Wort Metanoia, Umkehr – das Gegenteil aus der kollektiven Paranoia, die wir heute erleben. Durch Wun-

der legitimiert Gott in gewisser Weise die Botschaften der Gottesmutter.«

An anderer Stelle schreibt er:

> »Als Arzt kann man Wunder nicht beweisen. Doch ich bin überzeugt: Die physischen Heilungen [...] sind Zeichen für die unzählig vielen unsichtbaren inneren Heilungen, die in Lourdes täglich stattfinden. Man könnte sie als geistig-psychische Heilung der Seele bezeichnen: Vergebung, Versöhnung, Heilung von affektiven Verletzungen, Verletzungen also, denen die Medizin machtlos gegenübersteht. Gott gibt in Lourdes Antwort auf die Leiden unserer Tage. [...] Man könnte sagen, daß Wunder eine Ordnung, die gestört worden war, wiederherstellen, aber keine neue Ordnung erfinden. Blitzartig beschleunigt sich die Wiederherstellung, so als würde eine Zeit- und Raumgrenze überschritten, die uns übersteigt. Die Naturgesetze werden aber nicht in Frage gestellt. Das Wunder soll uns an die lebendige Gegenwart Gottes in der Welt erinnern. Er ist ständig am Werk, kann aber nur dann wirken, wenn wir uns auf Ihn stützen, Ihn in unser Herz einlassen.«

Ein Wunder ist also die Wiederherstellung einer Ordnung, die gestört worden war und die geheilt werden kann, wenn wir der Liebe Gottes unser Herz öffnen. Diese Wiederherstellung können wir auch an den Körpern von Bernadette und Katharina Labouré sehen. Als Katharina Labouré ein Jahr nach ihrem Tod exhumiert wurde, war ihr Leichnam unversehrt und biegsam. Er liegt seitdem in einem gläsernen Schrein in der Rue de Bac in Paris. Bernadette starb 1879 an Knochentuberkulose. Ihr Körper war erschöpft und ausgezehrt. Doch auch ihr Leichnam war bei den Exhumierungen unversehrt erhalten und ruht heute in einem kostbaren Glasschrein in der Kirche des Klosters Saint-Gildard in Nevers. Für mich ist das eine erstaunliche Parallele: Beiden Heiligen erschien die Jungfrau Maria als »Unbefleckte«, also in ihrer Vollkommenheit, und die irdischen Körper beider Heiliger verwesten nicht, sondern waren unversehrt. Bernadettes Körper war sogar, wie man nachweisen konnte, völlig heil geworden. Sind dies nicht auch Zeichen völliger Hingabe an die Liebe, die schön und heil macht?

Diese Verbindung von Bernadettes unversehrtem Körper zur »Unbefleckten Empfängnis« betonte auch ein mir namentlich nicht bekannter Priester: »In der Klosterkapelle von Nevers kann man staunend und ehrfurchtsvoll in einem gläsernen Sarkophag den wunderbar erhaltenen, vom Verwesungsprozess unberührten Leib der heiligen Bernadette Soubirous betrachten, und ihn in Verbindung setzten zu Maria, der ›Unbefleckten Empfängnis‹, der reinen und vollkommenen Ersterlösten!«

Das Wasser der Quelle

Nun komme ich zum Wasser der Quelle, das eng mit dem Appell der Jungfrau Maria an die Gläubigen zusammenhängt. Benedikt XVI., der am Todestag Bernadettes – am 16. April – geboren wurde, was er als göttlichen Wegweiser betrachtet, hat an seinem 85. Geburtstag wunderschöne Worte zur Bedeutung der Quelle gesagt:

> »Bernadette Soubirous […] konnte sehen mit dem reinen, unverbildeten Herzen. Und Maria weist sie zur Quelle: Sie kann die Quelle entdecken, lebendiges, reines und unverschmutztes Wasser – Wasser, das Leben ist, Wasser, das Reinheit und Gesundheit gibt. Und über die Jahrhunderte hin nun ist dieses

> lebendige Quellwasser Zeichen von Maria her, Zeichen, wo die Quellen des Lebendigen sind, wo wir rein werden können, wo wir das Unverschmutzte finden. […] Von Maria, von der Mutter des Herrn her, von dem reinen Herzen her kommt auch das reine, unverbildete Wasser, das Leben gibt; das Wasser, das in diesem Jahrhundert und in den Jahrhunderten, die folgen mögen, uns reinigt und gesund macht. Ich denke, wir dürfen dieses Wasser als Bild ansehen für die Wahrheit, die uns im Glauben zukommt: die unverstellte, unverschmutzte Wahrheit […] und ein Zeichen dafür, wie wir sein müssen: daß wir in allem Wissen und Können, das notwendig ist, das einfache Herz, den einfachen Blick des Herzens nicht verlieren dürfen, der das Wesentliche zu sehen vermag, […] die Schönheit und die Güte Gottes – und damit die Quelle finden kann, von der das Wasser kommt, das Leben gibt und reinigt.«

Doch das Wasser der Quelle von Lourdes ist nicht nur ein Symbol, es birgt auch ein irdisches Geheimnis, was aber – wie es bei jedem Geheimnis der Fall ist – mit normalen, physikalischen Messmethoden nicht erkannt werden kann. Denn obwohl das Wasser mehrfach auf diese Weise analysiert worden war, konnten keine besonderen heilenden Substanzen darin entdeckt werden, so dass die Ergebnisse jedes Mal lauteten, dass es sich um ganz gewöhnliches Trinkwasser handelte im deutlichen Unterschied zu den Mineralquellen der nahe gelegenen französischen Kurorte. Um uns dem Geheimnis anzunähern, müssen wir zunächst anerkennen, was heutige Wissenschaftler bestätigt haben, nämlich, dass Wasser sowohl physikalische als auch feinstoffliche energetische Informationen oder Schwingungen aufnimmt, sie speichert und weiterleitet. Deshalb zeigen die Ergebnisse der naturwissenschaftlichen Analysen auch nur einen Teil der Wahrheit, nämlich den grobstofflich erfassbaren. Doch wie es in der historischen Forschung einen geistigen Anteil gibt, wie ich es bereits ausgeführt habe, so gibt es auch im Wasser einen feinstofflichen, energetischen Teil, der nur mit feineren als den physikalischen Messmethoden nachzuweisen ist. Dieser Bereich ist derjenige, der uns helfen kann, uns dem Geheimnis der Quelle in Lourdes anzunähern; dem Geheimnis, das jedoch stets in einer engen Beziehung zu Gebet, Hingabe und Dankbarkeit gesehen werden sollte.

Eine davon ist die Messung nach »Bovis-Einheiten«, die die Schweizer Forscherin Blanche Merz bei ihren Untersuchungen angewandt hat. Dieses Messsystem wurde von dem französischen Physiker Alfred Bovis (1871–1947) zur Bestimmung der energetischen vibratorischen Qualität eines Ortes, einer Person oder einer Sache entwickelt. Dabei konnte Blanche Merz beim Wasser in Lourdes eine hohe vibratorische Qualität von 12.000 Bovis-Einheiten messen, die sogar noch nach vielen Jahren im von Lourdes nach Hause mitgenommenen Wasser bewahrt bleibt.

Eine andere Methode, die V.A.S.-Methode – die ich jedoch nicht erklären kann –, hat die katholische Mailänder Biologin und Forscherin Dr. Enza Ciccola bei der Untersuchung des Lourdeswassers angewandt. Sie stellte fest, dass es der Wahrheit entspricht, dass die Unbefleckte Empfängnis durch ihre Erscheinungen die Struktur des Wassers auf immer verändert hat und nannte dieses Wasser deshalb »Lichtwasser – Wasser der heilenden Liebe«. In ihrem gleichnamigen Buch über ihre wissenschaftlichen Forschungen schreibt sie 2004:

> »Vorangetrieben von dem Bedürfnis, die spirituelle Welt zu verstehen, befand ich mich eines Tages erneut mit meiner Familie in Lourdes auf ›Wallfahrt‹. Es war für mich die erste große Offenbarung. Die Schwingungen der Erde, des Wassers, der Luft sind an diesem heiligen Ort stark erhöht und ihre nicht elektromag-

netische Natur ist unwiderlegbar. Das Wasser, das die Gläubigen aufnehmen, weist die erhöhten Harmonien aller sieben Frequenzen des Lichts auf. Die Natur dieser kosmischen Schwingungen ist nicht leicht zu identifizieren, mit der V.A.S.-Methode jedoch feststellbar. Dieses Wasser aktiviert die rechtsdrehende Bewegung unserer pyramidalen Achse, es hilft uns Knoten zu lösen, respektiert aber unseren freien Willen. [...] Wir haben uns gefragt, warum sich die sieben Frequenzen ausgerechnet im Wasser manifestieren. Vielleicht deshalb, weil das weiße Licht, die Reinheit des Höchsten, aus den sieben Frequenzen besteht; weil diese subtilen Schwingungen die flüssige Materie unendlich durchdringen können; weil der helfende Wille der göttlichen Liebe unendlich ist. Die Lichtstrahlen, die die göttliche Mutter Maria zu uns bringt, sind intelligente Formen der vitalen, stellaren und interstellaren Energie, die das Wasser oder eine andere Materie erreichen, indem sie zufiefst in sie eindringen. Sie erreichen den Atomkern, indem sie irreversible Reaktionen bei den Elementarteilchen auslösen. Deswegen gehen die in diesen Wässern enthaltenen Schwingungen beim Verdünnen nicht verloren, noch verändern sie sich bei einem Druck- oder Temperaturwechsel. [...] Drei Wassertropfen, die diese besonderen Schwingungen aufgenommen haben, können in einen Liter unbehandeltes normales Wasser gegeben werden und erfüllen diesen ganz mit ihrer Schwingung – das heißt in der Verdünnung gehen diese Schwingungen weder verloren noch schwächen sie sich ab.«

Das ist also das Geheimnis des Wassers der Quelle in Lourdes. Und auch wenn das nur mit besonderen Messmethoden festgestellt werden konnte, weiß doch jeder gläubige Mensch tief in seinem Herzen, dass es wahr ist, dass die Jungfrau Maria bei ihren Erscheinungen das Wasser mit göttlicher Ordnung und Harmonie genauso prägte, wie ihre Gegenwart auch weiterhin in der Grotte zu spüren ist. Denn alles Himmlische hat spürbare Auswirkungen auf die Erde.

Ich habe diese Untersuchungsergebnisse des Wassers der Grotte wiedergegeben, da es mich tief beeindruckt hat, wie sehr die Unbefleckte Empfängnis in ihren Erscheinungen auf die Ordnung und Harmonie der Natur eingewirkt hat. Dadurch hat das Wasser für mich eine noch größere Bedeutung bekommen, da es mir bewusst geworden ist, dass die Liebe der Jungfrau, die sie dem Wasser eingeprägt hat, in diesem Wasser gegenwärtig ist. Denn damit ist das Wasser der Quelle, das zu Hause unter Anrufung Marias verwendet wird, nicht nur Erinnerung an den Glauben und insofern dazu da, unsere Gottesbeziehung zu heilen, wie es Professor Läpple betont. Es ist zugleich etwas sehr Konkretes, wenn man sich vergegenwärtigt, dass dieses Wasser durchdrungen ist von göttlichem Licht und der Liebe der Unbefleckten Empfängnis. Deshalb verdient es unseren ganzen Respekt, den viele Pilger, besonders die älteren, bereits zeigen, wenn sie andächtig und sorgsam den Behälter in Lourdes mit dem Wasser der Quelle füllen, wie es Professor Läpple beschreibt.

Die Wassermengen, die in Lourdes für die Pilger zur Verfügung stehen, sind unbeschreiblich groß. Um stets genügend Wasser aus der Quelle für die Pilger zur Verfügung zu haben, wurden besondere unterirdische Reservoirs angelegt. Vor allem während der Winterszeit, wenn nur wenige Wallfahrer kommen, wird das Wasser der heiligen Quelle in diese unterirdisch angelegten Reservoirs geleitet. Dieser große Vorrat des Wassers im Heiligtum ist ein großes Geschenk, doch vielleicht gibt es auch einige Pilger, denen das Tragen des vielen Wassers, das sie zuhause zur Verfügung haben wollen, zu schwer wird. Ihnen steht nun nach den wissenschaftlichen Erkenntnissen von Enza Maria Ciccolo die Möglichkeit offen, es wie beschrieben zuhause zu verdünnen. Auch wenn ich selbst davon überzeugt bin, möchte ich dennoch dazu raten, diese Entscheidung im Gebet mit der Jungfrau Maria zu treffen.

Die alte Grotte von Massabielle

Da die Grotte von Massabielle, in der Maria als Unbefleckte Empfängnis erschienen, und aus der die Quelle entsprungen ist, den wichtigsten Ort in Lourdes darstellt, möchte ich einen Blick auf ihr ursprüngliches Aussehen werfen. Das ist nur deshalb möglich, weil in dem erwähnten Heft des Lourdes Magazine mit dem »Spezial Grotte« auch eine fotografische Aufnahme der Grotte in Lourdes abgedruckt ist, wie sie 1858 ausgesehen haben mag. Vielen Gläubigen wird sie von den entsprechenden Postkarten bekannt sein. Wenn man dieses Bild betrachtet, fühlt man sich wahrhaftig zurückversetzt in das Jahr 1858, denn man sieht die kiesige Landzunge, die den Gave vom Kanal der Mühle von Savy trennt, der an der Grotte vorbeifließt. Doch auch wenn auf der Rückseite der entsprechenden Postkarten steht, dass es eine Fotomontage ist, weiß wohl kaum jemand, wie diese entstanden ist. Deshalb dürfte von großem Interesse sein, zu erfahren, was der Redakteur des Lourdes Magazine, Mathias Terrier, unter dem Titel ›Die Grotte im Frühjahr 1858‹ darüber schreibt, der sich am Schluss auch bei Philippe Cabidoche für diese seine langwierige, sorgfältige und präzise Arbeit bedankt.

> »In dieser Szenerie ereigneten sich die außergewöhnlichen Geschehnisse von Lourdes. Nur mit Bewegung kann man dieses Bild anschauen, bei dem man sich richtiggehend in das Jahr 1858 zurückversetzt fühlt. Man erwartet geradezu, dass sich von links Bernadette auf der kiesigen Landzunge nähert, die den Gave vom Kanal der Mühle von Savy trennt, der an der Grotte vorbeifließt. Was ist das für ein Bild? Es ist eine Photomontage. Und es ist vor allem eine getreue Wiederherstellung der historischen Verhältnisse. Der Fotograf Philippe Cabidoche hat zunächst die Grotte

von Lourdes fotografiert, wie sie heute ist. Dann ging er daran, alles wegzuretuschieren, was seit 1858 dazugekommen ist. Mithilfe alter Schwarzweißaufnahmen aus der Zeit der Erscheinungen gab er dann der Grotte wieder ihr ursprüngliches Erscheinungsbild, wie es zur Zeit der Bernadette Soubirous im Frühjahr 1858 war. Der Pflanzenbewuchs ist so, wie er an diesem Ort natürlicherweise wäre. Hierzu wurden Aufnahmen von einer anderen, vollständig erhaltenen Höhle flussabwärts verwendet, die derjenigen von Massabielle (dies ist der eigentliche Name der Grotte von Lourdes, der ›alter Fels‹ bedeutet) erstaunlich ähnelt. Wie man sieht, ist die Grotte der Erscheinungen in den Kalkfelsen hingeduckt, der im Norden senkrecht abfällt. Die ovale Nische rechts ist mit dem wuchernden Grün von Sträuchern und Efeu bedeckt. Unterhalb des Granitblocks im Eingang zur Nische wagt sich eine Heckenrose hervor. Drinnen hat das Hochwasser Steine, Schlamm und Sand angeschwemmt, sodass wie von Menschenhand geschaffene Terrassen entstanden sind. Zu jener Zeit war es nicht einfach, in die Grotte zu gelangen. Über die linke Seite musste man bis ganz an das Ende der Müllerwiese gehen und dort den Kanal überqueren. Kaum weniger schwierig war der Zugang über die Felsnase oberhalb der Grotte, da der Fels steil abfällt und Gelände mit losem Gestein überwunden werden musste. Dieser Ort, der doch zur Stadt gehörte, war daher fast unbekannt, selbst bei den Einwohnern von Lourdes. Nur selten einmal suchten Schafhirten oder von einem Unwetter überraschte Fischer hier Zuflucht. Man konnte sich dort gut aufhalten: Es tropfte kaum Wasser aus dem Gestein, und es floss auch keine Quelle. Nur wenige kümmerliche Pflanzen konnten sich dort behaupten, vor allem Milzkraut und Bitteres Schaumkraut.«

Veränderungen an der Grotte
Anerkennung der Erscheinungen

Doch diese alte Grotte ist einer der Orte in Lourdes, an dem sich fast alles verändert hat, obwohl Papst Pius IX. den Bischof von Tarbes gebeten hatte, die Grotte im Zustand zur Zeit der Erscheinungen zu erhalten. Doch sein Wunsch konnte nicht erfüllt werden, da für den zu erwartenden Pilgerstrom zur Grotte bereits damals viele bauliche Veränderungen notwendig wurden, die nur einen Zweck hatten: Sie sollten dem Weg der Pilger dienen, die heute dabei oft drei bestimmte Gesten vollziehen: Sie berühren den Felsen, waschen sich mit dem Wasser der Quelle, wie es Bernadette vorgemacht hat und zünden eine Kerze an. Ungeachtet jeglicher baulicher Veränderungen blieb die Grotte der Erscheinungen »jenes Herz, das nicht aufhört zu schlagen«, wie es der Schriftsteller Francois Mauriac so wunderbar ausgedrückt hat.

Aus einem Album mit Fotos und einem historischen Überblick, die wiederum Mathias Terrier freundlicherweise im Lourdes Magazine abgedruckt hat, kann man die einzelnen Veränderungen sehr gut verfolgen, nachdem die Grotte zunächst von der einheimischen Bevölkerung in einen Ort des Gebetes verwandelt worden war. Ich gebe die wichtigsten Vorgänge daraus für den Zeitraum wieder, in dem Bernadette noch in Lourdes war und die Veränderungen miterlebt hat.

> »**28. Februar 1858:** Drei Tage nach der Entdeckung der Quelle begradigen Arbeiter aus Lourdes den Kanal der Quelle und graben am unteren Ende des Gefälles in der Grotte ein Becken von einem Meter Länge und 50 cm Breite und Tiefe. Das Wasser der Quelle läuft durch ein kleines Rohr aus Eichenrinde dort hinein. Am selben Tag richten die Arbeiter einen im Zickzack verlaufenden Weg auf dem Steilhang rechts von der Grotte ein.

24. April 1858: Da das einzige Rindenrohr, das das Wasser der Quelle abgibt, nicht mehr genügt, werden zwei weitere hinzugefügt, um das Becken zu versorgen.

Juni-Oktober 1858: Auf Anweisung der Behörden wird ein Zaun vor der Grotte errichtet, um den Zugang zu verbieten und die Besucher daran zu hindern, sich an der Grotte zu waschen und daraus zu trinken. Der Zaun wird am 18. Juni von den Arbeitern aus den Steinbrüchen zerstört, am nächsten Tag jedoch wieder aufgerichtet. Am 5. Juli wird er von neuem abgerissen und fast unverzüglich wieder aufgebaut. Am 5. Oktober wird auf Befehl Napoleons III. das Verbot aufgehoben, zur Grotte zu gehen.

1859: Die Sand- und Steinschicht, die sich bei den Überschwemmungen des Gave in der Grotte angesammelt hat, wird weggeschafft. Diese Schicht bildete ein Gefälle, das bis unterhalb der ›Erscheinungsnische‹ reichte. In der Nische wird eine Statue aus Buchsbaumholz mit künstlichen Blumen angebracht.«

Am **18. Januar 1862** verkündete Monsignore Laurence, Bischof von Tarbes in seinem Hirtenbrief die Anerkennung der Erscheinungen. Aus dem sehr umfangreichen Wortlaut, den Jean Barbet wiedergibt, zitiere ich hier das Wichtigste des letzten Teils.

»Wie wäre es möglich, unsere sehr lieben Brüder, das Wirken der Vorsehung nicht zu preisen? Zu Ende des Jahres 1854 proklamierte Pius IX. das Dogma der Unbefleckten Empfängnis. Diese Proklamation des Papstes drang bis in die entferntesten Gegenden der Erde. Die katholischen Herzen erzitterten in Freude und man feierte das glorreiche Gnadentum Mariens durch Feste, die auf immer in unserem Gedächtnis bleiben. Und da geschieht es, dass etwa drei Jahre später die Heilige Jungfrau einem Kinde erscheint und ihm sagt: ›Ich bin die Unbefleckte Empfängnis. Ich will, dass man mir zu Ehren hier eine Kapelle errichtet.‹ Erscheint es nicht so, als ob SIE die unfehlbare Prophezeiung des Nachfolgers Petri durch die Errichtung eines Heiligtums weihen wolle? [...] Möchte man nicht meinen, dass SIE die Gläubigen aller Nationen dazu aufrufen will, hierher zu kommen, um IHR in der neuen Kirche, die für SIE erbaut wird, Ehre zu erweisen? Bewohner der Stadt Lourdes, freuet euch! Die erhabene Jungfrau geruht, IHRE barmherzigen Blicke auf euch zu senken! SIE will, dass man am Rande eurer Stadt ein Heiligtum für SIE errichtet, von wo aus SIE IHRE Wohltaten verteilt! Dankt IHR für den Beweis dieses Vorzuges, den SIE euch gibt und da SIE euch mit IHRER mütterlichen Zärtlichkeit überschüttet, zeigt euch als IHRE folgsamen Kinder, indem ihr IHRER Tugend nacheifert und unerschütterlich an der Religion festhaltet. Im übrigen dürfen wir bekennen, dass die Erscheinung unter euch bereits reiche Gnaden verteilt hat. Als Augenzeugen der Geschehnisse in der Grotte und deren segensreichen Auswirkungen war euer Vertrauen gross und euere Überzeugung stark. Wir haben euere Zurückhaltung und Folgsamkeit zu schätzen gewusst, als wir euch rieten, der staatlichen Autorität zu gehorchen, als es euch während einiger Wochen nicht vergönnt war, die Grotte zu besuchen und als ihr gezwungen ward, den Andrang der Gefühle im Herzen zu bewahren, der von dem Anblick jenes Erlebnisses ausgegangen war, das euere Augen im Laufe der vierzehntägigen Erscheinungen so beglückt hatte. Ihr alle, unsere geliebten Diözesanen, öffnet euere Herzen der Hoffnung. Ihr alle seid dazu berufen, eueren Teil des versprochenen Segens in Empfang zu nehmen. Verbindet von nun an in eueren Anflehungen und Gesängen den Namen von Unserer Lieben Frau von Lourdes, mit den gesegneten Namen Unserer Lieben Frau von Garaison, Poeylaün, Héas und Piétat. Von dieser geheiligten Stätte aus wird die Unbefleckte Jungfrau über euch wachen und euch unter IHREN mütterlichen Schutz nehmen. Jawohl, Unsere Lieben Mitstreiter und teuren Brüder, wenn wir mit vertrauensvollem Herzen den Blick auf diesen Leitstern gerichtet halten, so durchqueren wir ohne Angst vor dem Untergehen die Stürme des Lebens und wir werden wohlbehalten im Hafen der ewigen Glückseligkeit ankommen. [....] und nachdem Wir die Erleuchtung des Heiligen Geistes und die Unterstützung der Allerheiligsten Jungfrau angerufen haben,

SIND WIR ZU DEM SCHLUSS GEKOMMEN UND ERKLÄREN FOLGENDES:

1) – Wir finden es rechtens, dass die Unbefleckte Maria, Mutter Gottes, der Bernadette Soubirous am 11. Februar 1858 und an den darauffolgenden Tagen, insgesamt achtzehnmal, in der Grotte von Massabielle, nächst der Stadt Lourdes, wirklich erschienen ist und dass diese Erscheinung alle Eigenschaften der Wahrheit aufweist, um die Gläubigen zu berechtigen, mit Gewissheit an sie zu glauben.

Wir unterbreiten unser Urteil demütig dem Heiligen Vater, der den Auftrag hat, die katholische Kirche zu lenken.

2) – Wir gestatten in unserer Diözese die Verehrung Unserer Lieben Frau von der Grotte zu Lourdes, aber wir verbieten jedwede Veröffentlichung besonderer Gebete, Gesänge oder Bücher, die sich auf dieses Ereignis beziehen, ohne dass unsere schriftliche Zustimmung hiezu vorliegt.

3) – Um dem Willen der Heiligen Jungfrau, den SIE während der Erscheinungen mehrere Male kundgetan hat, zu entsprechen, nehmen wir uns vor, auf dem Gelände der Grotte, das Eigentum der Bischöfe von Tarbes geworden war, ein Heiligtum zu errichten.«

Mathias Terrier schreibt weiter:

> »Im **Oktober 1862** arbeiten sechzig Arbeiter an der Grotte und in ihrer Umgebung. Bei ihnen ist auch François Soubirous, Bernadettes Vater. Er ist als Tagelöhner angestellt. In dieser Zeit verliert diese Stätte endgültig ihr wildes Aussehen durch den Bau der »Serpentinen«, die von der Straße am Wald herabführen, sowie einer langen Allee unterhalb der Grotte. Das Ufer wird vom Gestrüpp befreit und verschiedene Bäume werden gepflanzt. Als die Arbeiter die Grotte säubern, entdecken sie ganz hinten in der Grotte, wo das Wasser der Quelle herkommt. Die Quelle wird eingefasst, mit Steinplatten zugedeckt und das Wasser zu einem Brunnen aus weißem und schwarzem Marmor geleitet, der von einem Bewohner von Lourdes geschliffen wurde. Er trägt folgende Aufschrift: »Trinken Sie an der Quelle und waschen Sie sich darin« mit dem Datum »25. Februar 1858«. In der Nähe des Brunnens werden links provisorische Holzbaracken errichtet, in denen man Becken mit Wasser aus der Quelle aufstellt, damit die Kranken darin baden und sich mit dem Wasser einreiben können. Dies sind die ursprünglichen Bäder. Um die Grotte vor einer etwas überspannten Frömmigkeit zu schützen, wird am Eingang ein Metallgitter angebracht, dessen Stäbe jeweils mit einer Lilie abschließen. Es ist 8,50 Meter lang und 1,50 Meter hoch. Schließlich wird der Fels um etwa einen Meter behauen, um den Durchgang zu erweitern.«

Während der Architekt baute, ging Pfarrer Peyramale ans Verschönern und sorgte dafür, das Gelände um die Grotte so zu gestalten, dass den Menschenscharen der Zugang zur Grotte ermöglicht wurde.

Im selben Jahr hatte der Bildhauer Fabisch aus Lyon die Statue fertiggestellt, eine Darstellung der Erscheinung. Es war die Statue, mit der sich Bernadette zuletzt unter Zögern einverstanden erklärt hatte. Die Idee für die Schaffung dieser Statue hatten zwei Damen aus Lyon, die Fräulein de la Cour, die auf ihre Kosten die Unbefleckte Empfängnis aus Carrera-Marmor nachbilden lassen wollten, damit sie in der Nische von Massabielle, an dem gleichen Ort, wo die Jungfrau erschienen war, aufgestellt würde. Pfarrer Peyramale war von diesem Plan sehr eingenommen und hatte ihn Monsignore Laurence erzählt, der seinerseits freudig zustimmte. Jean Barbet erzählt:

> »Aber ach, als es soweit war, die Statue in die Nische zu stellen, sah man, dass der felsige Untergrund, auf dem sie zu stehen kommen sollte, einen Buckel hatte! ... Es gab nun zwei Möglichkeiten: Entweder der Sockel des Standbildes musste behauen werden, damit er auf den Untergrund passte, wobei die Gefahr groß war, dass der ganze Marmorblock zersprang, oder man entschloss sich dazu, den Felsen selbst einzuebnen, was bedeutete, jenes Stück anzuheben, auf das die »Frau« ihren Fuss gesetzt hatte. Daher der schwere Zwiespalt: Monsignore überlegte. Der Felsen wurde eingeebnet. Und schliesslich war es soweit. In den ersten Maitagen des Jahres 1866, im Marienmonat, kündigte ein Hirtenbrief des Bischofs von Tarbes der Diözese die Fertigstellung der Krypta und die Einsetzung der öffentlichen Verehrung Unserer Lieben Frau von Lourdes an. Am Vorabend dieses Tages, am 19. Mai, weihte Monsignore Laurence die fünf Altäre der Krypta. Alles war nun für die Feierlichkeiten des nächsten Tages bereit. Und am 20. Mai zelebrierte Monsignore Laurence, Bischof von Tarbes, in Gegenwart der Menge seine erste Messe vor der Grotte von Lourdes. Pfarrer Peyramale war da. Auch Bernadette war da. Sie war da, tief bewegt; sie weinte. Das kleine Hirtenmädchen hatte den ihr von der ›Frau

vom Rosenbusch‹, der ›über alles schönen Frau‹, von der ›UNBEFLECKTEN EMPFÄNGNIS‹ anvertrauten Auftrag gut zu Ende geführt. Künftig konnten die Menschen aus aller Welt zur Wallfahrt herbeiströmen.

›DU WIRST ZUM PFARRER SAGEN, DASS ER HIER EINE KAPELLE BAUT, ZU DER MAN IN PROZESSIONEN KOMMEN WIRD.‹

Der Wille der Jungfrau war erfüllt worden.«

1866 war auch das Jahr, in dem Bernadette Lourdes verließ, um in das Mutterkloster der Schwestern in Nevers einzutreten. So war ihr Abschied von der Grotte auch ein Abschied von einem Ort, der sich äußerlich bereits stark verändert hatte.

Doch die baulichen Maßnahmen dauerten aufgrund der immer größer werdenden Pilgerzahlen zunächst bis zum Jahre 1923 an. Erst 1948 wurden sie wiederaufgenommen und betrafen direkt die Quelle, die die Ursache der ungezählten Pilgerströme nach Lourdes war. Im historischen Überblick heißt es dazu: »Im Sommer jenes Jahres entstehen die ersten Sorgen bezüglich der Wassermenge der Quelle: Wird sie für die wachsende Pilgerzahl ausreichen? Wasserbauexperten beschäftigen sich mit dieser Frage. Und am 3. Februar 1949 wird von Bischof Théas eine neue, leistungsfähigere Fassung der Quelle eingeweiht. […] Eine andere Frage bezüglich der Quelle beschäftigt die Geister: Gab es die Quelle bereits vor den Erscheinungen? Hat Bernadette also nur eine bereits existierende Quelle zu Tage gefördert, als sie auf die Anweisungen der Dame hin nachgrub?« Diese Frage wurde, wie bereits erwähnt, mit »Ja« beantwortet.

Eine weitere erwähnenswerte bauliche Maßnahme fand **1974** statt: **»**Um den Gerüchten ein Ende zu setzen, denen zufolge das Wasser der Wasserhähne aus der

Stadt kommt, wird die Quelle unter der Grotte sichtbar gemacht und zwar am selben Ort, an dem Bernadette auf Anweisung der Dame hin im Boden gegraben hat. So wird die Botschaft betont: ›Trinken Sie an der Quelle und waschen Sie sich darin.‹«

»Es muß als glückliche Fügung angesehen werden, daß die Grotte, Ausgangspunkt und Ziel der weltweiten Wallfahrten, nicht überbaut wurde. Das Rauschen des Gaveflußes verbindet sich hier mit den Gebeten und Gesängen der Pilger. [...] Mehr und mehr ist es gelungen, die gewaltige Naturkulisse der Pyrenäen mit dem Ereignis der Gnade so zu verbinden, daß der Beter das Zusammenklingen von Natur und Gnade verspürt und davon auch mitgetragen und gestärkt wird.« Das schreibt Professor Läpple 1981 und diese Beobachtung führt uns zum Felsen der Grotte.

»Der Herr ist mein Fels«
Theologische Bedeutung: Felsen und Grotten

Wenn man sich mit dem Wasser der Quelle beschäftigt, das in einer Grotte entspringt, ist es nicht weit zum Thema Stein und Fels. Bereits in der matriarchalen Zeit haben natürliche Steinformationen eine große Rolle gespielt, doch auch in der heutigen patriarchalischen Zeit haben natürliche Fels- und Steinformationen ihre religiöse Bedeutung. Doch sind die Erfahrungen, die jeder Einzelne mit einem Felsen macht, unterschiedlich. Das heißt, dass ein Felsen sowohl eine göttlich-männliche Ausstrahlung oder auch eine göttlich-weibliche haben kann, je nachdem, wie es der einzelne Mensch empfindet und womit er den Stein in Verbindung bringt. Es kommt auf das innere Bedürfnis an.

Das alte Judentum war aufgrund seiner geistigen Ausrichtung eng mit der patriarchalischen Zeit verbunden. So begegnet uns im Alten Testament unzählige Male das Wort »Fels«. In Jerusalem ist der Felsen allgegenwärtig. »Jerusalem, die Stadt auf dem Felsen« betitelt Monsignore Jaques Perrier, der Bischof von Tarbes und Lourdes, 2003 seinen Artikel im Lourdes Magazine, das sich, wie anfangs erwähnt, dem Thema Fels und Grotte widmete. Der Bischof schreibt: »In Jerusalem ist der Felsen leicht zu erkennen. Die Stadtmauern stehen direkt auf dem Felsen, und dieses Fundament ist sichtbar, ohne dass man in archäologische Krypten hinabsteigen muss. In der Stadt sind ganze Wohnviertel auf der Höhe erbaut worden. Der Felsen tritt am Abhang der Hügel offen zutage. Es gab so viel Gestein, dass die Häuser von Jerusalem alle aus Stein gebaut wurden.«

Besonders im Alten Testament wird »der Fels« gleichbedeutend mit dem Namen Gottes verwendet. Bereits im Buch Deuteronomium spricht Mose in einer mahnenden Rede an sein Volk in einer besonderen Weise von Gott als dem Fels: »An den Fels, der dich gezeugt hat, dachtest du nicht mehr, du vergaßest den Gott, der dich geboren hat.« (Deuteronomium 32,18) Weiterhin finden wir besonders in den Psalmen von König David vielfach die Verwendung des Felsens, um Gottes Eigenschaften, vor allem die der Unerschütterlichkeit, Stärke und Treue, auszudrücken: So heißt es in Psalm 18,2–3.32.47: »Ich will dich rühmen, Herr, meine Stärke, Herr, du mein Fels, meine Burg, mein Retter, mein Gott, meine Feste, in der ich mich berge«. »Denn wer ist Gott als allein der Herr, wer ist ein Fels, wenn nicht unser Gott?« »Es lebt der Herr! Mein Fels sei gepriesen.« In Psalm 31,3 heißt es weiter: »Sei mir ein schützender Fels, eine feste Burg, die mich rettet. Denn du bist mein Fels und meine Burg«. Und in Psalm 62,7–8: »Nur er ist mein Fels, meine Hilfe, meine Burg, darum werde ich nicht wanken. Bei Gott ist mein Heil, meine Ehre; Gott ist mein schützender Fels, meine Zuflucht.« Im Psalm 71,3: »Sei mir ein sicherer Hort, zu dem ich allzeit kommen darf. Du hast mir versprochen zu helfen; denn du bist mein Fels und meine Burg.« Und im Psalm 94,22: »Doch meine Burg ist der Herr, mein Gott ist der Fels meiner Zuflucht.«

Doch eine Grotte ist noch etwas anderes als nur ein Felsen, denn eine Grotte führt in das Innere der Erde und damit in den erdmütterlichen Bereich. Grotten und Höhlen sind deshalb auch außerhalb des matriarchalen Denkens Orte von besonderer symbolischer und religiöser Bedeutung. Pater Christian Salenson, der damalige Rektor des Institut de Sciences et Théologie des Religions in Marseille, erklärt 2003 im Lourdes Magazine:

> »Die sprachliche Wurzel des Wortes ›Grotte‹ ist das lateinische ›Crypta‹. Im Altfranzösischen bezeichnete das Wort ›crote‹ Räume mit Gewölbedecken, die in Wohnhäusern als Lager dienten. Oft diente die Grotte als Zufluchtsort für Menschen und Tiere. Dort fanden

> sie Schutz vor rauen Witterungsbedingungen oder äußeren Feinden. In vielen Reiseberichten wird von natürlichen Höhlen als Zufluchtsstätte für Menschen berichtet. Am Toten Meer wurden in Höhlen die berühmten Handschriften gefunden. Und so gäbe es noch viele Beispiele. Möge dies genügen, um deutlich zu machen, dass eine der symbolischen Bedeutungen die Gewährung von Schutz ist. Man kann sich dort sicher fühlen. In einer Grotte findet man Zuflucht. [...] Die Katakomben der ersten Christen, in denen sie zusammenkamen und beteten, gleichen ebenfalls diesen Grotten, diesen ›Krypten‹. In den ersten Jahrhunderten der Kirche zogen sich viele Einsiedler in die Wüste zurück und lebten in Grotten. In all diesen ganz unterschiedlichen Beispielen ist die Grotte ein dunkler Ort, aus dem das Licht quillt.«

Dies gilt besonders für die Geburt Jesu in einer Grotte, ebenso für die Erscheinung des Erzengels Michael im 9. Jahrhundert in einer Grotte in Süditalien sowie für die Grotte in Lourdes, aus der das Licht der Jungfrau Maria hell in die damalige Zeit strahlte und sich in der ganzen Umgebung dauerhaft ausbreitete.

Der Felsen in der Grotte der Erscheinungen

Es ist die Grotte der Erscheinungen mit ihrem Felsen und der Quelle, die diesen Erscheinungsort so kostbar macht. Und es ist, als ob die Grotte und die ganze dazu gehörige Felsformation die Gegenwart der Unbefleckten Empfängnis »eingesaugt« hat, wie es auch bei der Quelle der Fall war. Deshalb bedeutet die Berührung der Felswände für die Pilger, sich mit dem Göttlichen zu verbinden, sei es mit Gottvater oder mit der Jungfrau Maria, denn der Felsen und die Grotte vermitteln auch in der heutigen Zeit sowohl das Gefühl von väterlicher Verlässlichkeit als auch von mütterlicher Geborgenheit.

Im Jahre 2004 war das Seelsorgethema, das den Pilgern in Lourdes angeboten wurde, »Der Herr ist mein Fels«. Deshalb wurde bereits in der Ausgabe Oktober/November 2003 des Lourdes Magazine dieses Thema behandelt. Mit diesem Sonderheft war der Wunsch der Redaktion verbunden, den Pilgern aus aller Welt zu helfen, mit neuen Augen auf den Felsen von Massabielle zu blicken: »Denn der Felsen ist das Herz des Wallfahrtsortes!« Die Grotte von Massabielle ist ein Bindeglied zwischen Himmel und Erde, der Felsen ist nicht mehr nur einfach ein Felsen, sondern er ist von der Erscheinung Marias geprägt. Man berührt den Felsen, die Erde, und fühlt sich gleichzeitig mit dem Himmel verbunden.

In diesem Zusammenhang stellte im Sommer 2003 Catherine Albrech an der Grotte den Gläubigen folgende Frage: »Sie haben den Felsen berührt. Welche Bedeutung hat diese Geste für Sie?« Von den beinahe dreißig Antworten, die im Lourdes Magazine abgedruckt wurden, gebe ich hier einige wieder, die uns einen kleinen Einblick in die Empfindung der Menschen bei dieser Geste erlauben.

»**Eine vierzigjährige Frau:** ›So ist einem die Jungfrau Maria ganz nahe. Es ist eher eine geistige als eine materielle Empfindung.‹

Eine vierzigjährige Krankenhelferin: ›Es ist für meine Arbeit als Krankenhelferin sehr wichtig. Gläubig berühre ich den Felsen, und dadurch finde ich die Kraft, um den Kranken zu dienen.‹

Ein Familienvater mit zwei Kindern, von denen eines autistisch ist: ›Es ist, wie wenn man eine Segnung empfängt, einen neuen Weg einschlägt.‹

Eine vierzigjährige Frau: ›Ich spüre hier eine Art Kraft. Es ist für mich sehr wichtig, zur Grotte zu gehen, um damit die Kräfte in mir aufzulösen, die mir in meinem Leben hinderlich sind.‹

Ein vierzehnjähriger Junge: ›Ich fühle mich besser. Diese Geste stärkt mich; sie bringt mich in Kontakt mit der Jungfrau Maria.‹

Eine junge Frau: ›Wenn ich den Felsen berühre, berühre ich den Himmel. Es ist eine gelebte, keine ›intellektuelle‹ Geste. Es geschieht dabei etwas Unaussprechliches; unser Körper hat Kontakt mit einer Wirklichkeit, die über uns hinausgeht, die uns einhüllt, die Liebe Gottes. Dies ist der Himmel. Das ist schon für jetzt.‹

Eine dreißigjährige Frau: ›Ich möchte eine kleine Anekdote erzählen, die eine Antwort auf meine Bitten war. Ich begleitete meine Großmutter zur Grotte, und ich war damals fern vom Glauben. Es war mitten im Winter. Bei den Arkaden nahm ich plötzlich einen betörenden Rosenduft wahr. Was für ein Geschenk. Ich senkte den Blick und berührte den Felsen: Das war für mich ein wahrer Akt der Bescheidenheit in der Nachfolge der Bernadette, die schmutziges Wasser trank. Jetzt lade ich die Menschen ein, ebenso zu handeln, einfach diesen glatten Stein zu liebkosen, der zeigt, dass die Schwierigkeiten in unserem Leben uns nicht zerbrechen, sondern uns in gewisser Weise ›stählen‹.‹

Ein Paar, 50 Jahre alt: ›Wir sind hierher gekommen, um unseren dreißigsten Hochzeitstag zu feiern. Wir wollen damit Jesus und Maria danken. Ohne sie wären wir gewiss nicht diesen langen Weg miteinander gegangen. Es ist das vierte Mal, dass wir hierher kommen. Wir haben ein Taschentuch gegen den Felsen gedrückt und nehmen es als Erinnerung mit nach Hause.‹«

François Vayne, Redakteur des Lourdes Magazine, hat eine andere Erfahrung mit dem Felsen der Grotte gemacht:

> »Die Geschichte dieser Felsengrotte, was die heilige Bernadette dort erleben durfte und was sie davon berichtete, die Zeugnisse der Pilger, die heute von der Gnadenfülle des Orts tief angerührt sind – all dies wäre ohne Wirkung, wenn es uns nicht Ansporn wäre, ganz persönlich die Kraft des Zeichens zu erfahren. Der Felsen der Grotte, an den man sich zum Beispiel anlehnen kann, kann uns vor allem nachts an ein schlafendes Tier erinnern. Der graue Stein, im Laufe der Jahre von Millionen von Händen geglättet, ist wie die Haut eines beängstigenden Tieres. … Wie, wenn Gott von uns verlangen würde, dasjenige anzuschauen und zu bändigen, was uns tief in uns selbst ängstigt, jene inneren Ungeheuer, denen wir stets aus dem Weg gehen, weil wir uns vor einer schmerzlichen Wahrheit fürchten? Gibt es vielleicht ein Gebiet in unserer Seele, in unserem Unbewussten, dem wir tunlichst ausweichen? Und doch müssen wir uns dorthin vorwagen, in guter Begleitung und mit dem hellen Licht des Glaubens. Wenn wir in unsere dunklen Winkel Maria aufnehmen, die Unbefleckte, und mit ihr den Heiligen Geist, die Quelle des Lebens, von dem sie nicht zu trennen ist, werden wir Wunder erleben. Die göttliche Barmherzigkeit

wird unsere Wunden in unvorstellbarer Weise heilen. Die Liebe Gottes wandelt alles zum Guten, wenn wir ihr nur unser Herz öffnen.«

Dass an der Grotte eine Fülle von Zeichen geschieht, berichtet auch Alain, Krankenpfleger Unserer Lieben Frau von Lourdes im Dienste der Grotte: »Hier spürt man die Bewegung der Menschen, die kommen, um den Felsen zu berühren. Man nimmt wahr, dass sie etwas auf dem Herzen haben, dass sie mit Schwierigkeiten zu kämpfen haben, mit Behinderungen und Krankheiten. Man weiß nicht, was diese Menschen mit sich tragen, aber es ist deutlich, dass sie ihr Herz öffnen. Ich persönlich spüre hier eine Gegenwart, diejenige der Jungfrau Maria, die uns für die Gegenwart Gottes öffnet. Es ist eine mitfühlende Gegenwart.«

Die Zärtlichkeit Gottes

Diese sinnlichen Erlebnisse mit dem Felsen, die uns die Zeugen in Lourdes mitgeteilt haben, sind auch aufgrund meiner eigenen Erfahrungen das Einmalige an Lourdes! Es ist in gewisser Weise »das Göttliche zum Anfassen«, etwas sehr Wichtiges für den Menschen, wie es schon das deutsche Wort »be-rühren« verständlich macht. Wie wichtig das Berühren ist, und wie eng es mit dem seelischen Ausdruck »von etwas berührt zu sein« zusammenhängt, kann man in besonderer Weise in der orthodoxen Kirche durch das Küssen der Ikonen erleben. Doch auch innerhalb der westlichen Kirche gibt es den Brauch, die aufgestellten Statuen liebevoll zu berühren. Da eine Berührung ohne den Umweg über den Verstand direkt in das Herz geht, kommt uns das Himmlische dadurch besonders nahe. Es ist etwas Ganzheitliches; der Mensch kann die geistige Gegenwart körperlich spüren. Der Weg, der rein geistig ist, ist ebenso ein einseitiger Weg wie derjenige, der nur das Körperliche gelten lässt. Denn da wir aus Körper, Seele und Geist bestehen, darf man die körperliche Ebene nicht geringschätzen. Gott hat uns diesen Körper gegeben, um durch ihn die Welt zu erfahren und davon berührt zu werden. Auch im Mönchstum gibt es entsprechend drei Forderungen: Beten, arbeiten und die »lectio divino«, die geistliche, erbauende Lektüre. Das Gebet gehört zum geistig-spirituellen Bereich, die Arbeit befriedigt den Körper und die aufbauende Lektüre beschäftigt die Seele. Wenn der Mensch körperlich nicht aktiv ist, werden seine Muskeln schwach und er wird kraftlos. Wird die Seele nicht mit Gutem gefüttert, mit guten Gedanken, guten Gefühlen und guten Wahrnehmungen, dann wird sie schlecht, dann kommt sie unter den Einfluss des Absterbenden. Und bekommt der Geist nur irdische Nahrung in Form von Ängsten und Sorgen und richtet er sich nicht auf das Göttliche aus, trennt er sich mehr und mehr von Gott. Das ist den meisten von uns bekannt.

Doch denken wir auch daran, wie wichtig im religiösen Leben unsere Hände sind? Denn unsere Hände haben einen direkten Zugang zum Gehirn, wie es bereits Johann Wolfgang von Goethe erkannte. Deshalb drückt der Mensch seine natürlichen Gefühle und Empfindungen in Gesten aus, sehr häufig verbunden mit einer Berührung. Und er sehnt sich auch danach, seine religiösen Gedanken und Empfindungen auf ebensolche Weise auszudrücken. Und so erlauben es sich die Menschen in der mütterlichen Atmosphäre der Grotte in Lourdes, das Göttliche zu berühren, es zu tasten und zu fühlen, ihre Zärtlichkeit, Dankbarkeit, Freude und was sie auch immer bewegt, konkret zum Ausdruck zu bringen. Denn für all das, was man im Inneren erlebt, gibt es oft keine Worte, so dass die Berührung das Einzige ist, was möglich wird. Und Berührungen sind oft viel ausdrucksstärker als jedes Wort. Das hat jeder von uns sicherlich schon erlebt. Hinzu kommt die Tatsache, dass wir weniger sprechen, je näher wir bei Gott sind, denn dann sind wir ganz im Herzen und das braucht keine Worte, um sich auszudrücken. So kann man also durchaus sagen, die Berührungen des Felsens in der Grotte sind der Ausdruck eines innigen Gebets. Ein Gebet bedeutet mehr als »Bitten«. Johannes Paul II., der 1954, einhundert Jahre nach der Erscheinung Mariens in Lourdes ein Marianisches Jahr ausrief, betonte, dass das Beten ein Eingehen »in das Geheimnis der Gemeinschaft mit Gott ist, der sich der Seele in der Fülle seiner unendlichen Liebe offenbart«, und nicht das Stammeln von Worten. Das Wort Gebet kommt vom aramäischen Wort »slotha« und bedeutet, seinen eigenen Geist auf den Geist Gottes einzuschwingen, um im Sinne Johannes Paul II. sich der göttlichen Liebe zu öffnen und sie gleichzeitig zu erwidern. Und aus dieser Liebesbeziehung mit Gott ergibt sich dann eine ganz besondere Geste der Berührung, nämlich die der Zärtlichkeit. Diese zärtlichen Berührungen des Felsens erlebt man in Lourdes sehr häufig: In und an der Grotte erfährt der Mensch so viel Vertrauen und Liebe, dass es für jeden leicht wird, sich zu öffnen und Zärtlichkeit zu zeigen. Die Zärtlichkeit gegenüber dem Felsen in der Grotte von Lourdes ist also eine tiefe geistliche Haltung, eine Haltung, die die Zärtlichkeit Gottes zu den Menschen erwidert, unabhängig davon, welches Bedürfnis dieser Zärtlichkeit zugrunde liegt. Zärtlichkeit ist dabei ein sehr individueller Ausdruck. Deshalb kann man den Menschen nicht vorschreiben, auf welche Art sie ihre Liebe und ihre Zärtlichkeit in der Grotte äußern. Für einen Priester der Wallfahrtsstätte wäre die Erneuerung des Taufversprechens »Herr, ich glaube« wichtiger, indem man langsam die Hand auf dem Felsen abstützt, so wie man auch die Hand auf die Schulter eines Freundes legt, zu dem man Vertrauen hat. Auch ein anderer Priester der Wallfahrtsstätte konnte in den zärtlichen Gesten der Gläubigen den Felsen der Erscheinung zu berühren, ihn lange zu liebkosen, Tücher an ihn zu reiben, die man wie einen Schatz mitnimmt, außer dem Rosenkranzgebet keine geistliche Haltung erkennen und überlegte sich sogar, wie man diese Gesten, die sich für ihn an der Grenze zum Aberglauben bewegten, »evangelisieren« könne. Dabei hatte er Begriffe wie Festigkeit, Härte, Kälte und sogar scharfe Kanten im Sinn; verständliche, aber intellektuelle Vorstellungen, die leider vom Herzen wegführen. Währenddessen zeigen die Aussagen der Menschen, die Catherine Albrech vor der Grotte befragt hatte, dass ihnen bei der Berührung des Felsens die empfundene Nähe zu Maria wichtig war, die sie wahrnehmen konnten und die ihnen nahe war. Und das ist eine Wahrheit, die allein aus der Zärtlichkeit des Herzens kommt. So ist im Christentum unser Herz das Zentrum, da Christus in das Herz jedes Menschen eingezogen ist und aus diesem heraus wirkt, wenn man IHN lässt. Deshalb wäre es schön, auch in der Kirche wieder von der Zärtlichkeit Gottes zu sprechen, die wir alle in uns haben. Denn Zärtlichkeit gehört zur christlichen Liebe dazu und sie kann sich in allen Bereichen des Lebens äußern. Wie auch Bischof Laurence 1862 in seiner Rede zur Anerkennung der Erscheinungen von der mütterlichen Zärtlichkeit Marias sprach, möchte ich mich nun der Zärtlichkeit Gottes zuwenden.

Erfreulicherweise habe ich dazu ein Heftchen vom Lahn-Verlag aus dem Jahre 1976 entdeckt. Es trägt den Titel: »Zärtlichkeit – eine Antwort«. In diesem Heftchen hat sich Pater Hans Wallhof der Bedeutung von Zärtlichkeit behutsam angenähert. Aus den vielen Bereichen, in denen er Zärtlichkeit aufspüren konnte, habe ich diejenigen Beispiele herausgesucht, die mit den Berührungen des Felsens in Lourdes zusammenhängen. Der Pater bezeichnet Zärtlichkeit als die wohl feinste Schwingung des Herzens und als Wunder des Herzens, so dass jedem von uns die folgenden Worte vertraut sein dürften und eine Anregung bieten, diese Zärtlichkeit auch in unserem eigenen Leben wieder zu entdecken.

»**Zärtlichkeit in Worten:** Zärtlichkeit bedarf nicht des Wortes, ist Ausdruck unserer Gefühle, wenn uns die Worte fehlen. Oft aber geht der Weg der Zärtlichkeit auch über das Wort, begleitet von einem Lächeln, das dem Wort die Empfehlung des Herzens gibt. Mit den Worten gratulieren wir, beteuern wir unsere liebende Zuneigung, anerkennen ein Werk, loben und preisen, danken und vergeben wir. Sind wir im Wort wahrhaftig, meinen wir es ehrlich, dann beinhalten Worte Zärtlichkeiten. Worte voll Zärtlichkeit können auch Gebete sein. Wir sprechen sie für andere oder anstelle anderer. In die Gebete legen wir alle Liebe hinein, sie sind tiefster Ausdruck unserer Zärtlichkeit. […]

Zärtlichkeit in Gesten: Die Geste gehört zu den schönen Gaben des Lebens. Sie kann innerste Zärtlichkeit offen zutage treten lassen. Die Urform der Geste ist der Gruß, am Morgen, am Abend, bei liebender Begegnung, der Gruß, der Verehrung und Liebe bekundet. Der Gruß mit dem Hut und der Handschlag sind Zärtlichkeitsformen, die aus dem Turnierspiel des Mittelalters kommen. Die Geste des Vortritts bei Türen kann Zärtlichkeit zeigen, ebenso das Winken und das Sichverbeugen. Auch die segnende Hand offenbart Zärtlichkeit.

Zärtlichkeit in Dingen: Auch die Dinge um uns her können uns zur Zärtlichkeit anleiten, weil wir sie längst in den Kreis unserer Liebe aufgenommen haben. Da sind die Geschenke, die uns erreichten, die Erinnerungen an liebevolle Stunden: der Schmuck, die Vase, das Gemälde, die Bücher, der Stein, die Muschel, tausend und andere Kleinigkeiten. Sie rufen in uns erneut die Zärtlichkeit. Da sind die Briefe, die wir als kostbaren Besitz aufheben. In ihnen lesen wir von der ersten Liebe, vom Trost, von Entscheidungen. […] Da sind die Sammlungen langer Jahre, liebevoll zusammengetragen: jedes Weinetikett, das man in der Freude gemeinsamer Stunden eifrig aufhob, die Gedichte und die getrockneten Blumen. Zärtlichkeit findet sich auch in der Tischdekoration, in dem festlichen Essen, in dem geschmackvollen Verpacken eines Geschenkes, im liebevollen Einrichten eines Zimmers, im Aufstellen von Blumen, im Überreichen von Süßigkeiten. Was immer man in den Dingen an Zärtlichkeiten findet, legten liebende Menschen für andere hinein. [...]

Zärtlichkeit und Gott: Gott ist zärtlich. Er schuf die Welt und säte Blumen in sie hinein. Er malte die Abende aus und hängte Lichter an das Firmament. Hügel überzog er mit Lieblichkeit, und in Schluchten warf er die Wildnis. Sanft zog er den Lauf der Bäche und hob Seen aus. Er schuf die Früchte des Herbstes und den Schnee des Winters. Den leichten Wind gesellte er den Wäldern zu. In das Spiel der Wolken ließ er den Sonnenball rollen. Gott ist zärtlich. Er liebt uns. Er stellt zu uns den Gefährten und Vertrauten, den Freund und Geliebten. Er gibt uns die Liebe in Feuer und Licht, aus denen neues Leben sich formt. Er schenkt zum Überschwang des Herzens seine Gnade. Die Zärtlichkeit unserer Liebe nimmt er als Angeld einer kommenden Seligkeit im Himmel. Gott ist zärtlich. Er legt in uns die Kraft des Geistes, die erkennt und schafft, durchdringt und folgert. Er bindet den Geist an den Motor des Willens, damit er ständig einem Ziele zustrebe und so dem Leben Sinn verleihe. Gott ist zärtlich. Er verzeiht uns fortwährend, weil er uns liebt. Er verheißt uns ewiges Leben, in dem alle Trauer und Tränen fortgewischt werden, in dem alle Freude und Zärtlichkeit von Raum und Zeit entbunden und in das Licht seiner Liebe erhoben werden. Er überläßt die Leidenschaft der Erde und holt die Übereinkunft der Herzen zu sich. Gott ist zärtlich. Wer auch immer einen Menschen liebt, der gerät in das Kraftfeld

Gottes. Gott will auf dieselbe Weise geliebt werden, wie die Väter und Mütter von ihren Kindern, wie ein Freund von seinem Freund, wie ein Mann von seiner Frau und umgekehrt, wie ein Kranker von der sorgenden Schwester, wie ein Gast von seinem Gastgeber. Liebe will Zeichen verschenken, will Ausdruck geben; Zärtlichkeiten, an denen Gott selber Freude hat. Gott ist zärtlich. In Jesus wurde er Mensch. In Jesus offenbarte er uns seine Liebe. Jesus liebte seine Eltern. Er hatte Freunde. Um Lazarus weinte er. Johannes ruhte an seiner Brust. Den anderen wusch er die Füße. Kinder herzte er. Kranke berührte er liebevoll. Tote nahm er bei der Hand und führte sie ins Leben. Er nahm auch gern Zärtlichkeiten entgegen. Maria aus Magdala salbte und küsste ihn, fortwährend. Selbst den Kuß des Judas wehrte er nicht ab. Jesus war zärtlich im Verzeihen. Den ganzen Reichtum menschlicher Liebe und Zärtlichkeiten trug er in seinem Herzen und verschwendete ihn. An uns alle. [...] Zärtlichkeit und Freude sind Geschwister, deren Mutter die Liebe und deren Zuhause das Herz ist.«

»Eine Nacht bei Maria«

Die göttliche Zärtlichkeit ist besonders während der Nacht in der Grotte der Erscheinungen spürbar, denn um das Pochen des Herzens dieses Wallfahrtsortes zu fühlen, das Herz der Erde und das Herz Gottes, muss Stille herrschen – äußere und innere Stille, damit das eigene Herz empfangsbereit wird. Und diese Stille herrscht in der Grotte vor allem nachts, auch wenn man von draußen noch bis Mitternacht das Stimmengewirr der vielen Menschen hört, die links vom Felsen geduldig darauf warten, diesen zu berühren und die Quelle innerhalb der Grotte zu sehen, da es für jeden Pilger tagsüber nur ein paar Augenblicke lang möglich ist. Dieser Felsen, der von Millionen von Händen und Küssen gestreichelt und geglättet wurde, erinnert inzwischen an die Haut eines Dickhäuters, wie es im Lourdes Magazine heißt. Von Donnerstagmittag, dem 14. August 2003, bis Freitagmittag, dem 15. August, wechselten drei Mitglieder des Redaktionsteams des Lourdes Magazine einander an der Grotte ab, um die Glaubensgesten der Pilger an diesem heiligen Ort Stunde für Stunde zu beobachten. Aus den ausführlichen Aufzeichnungen gebe ich nur die der Nacht wieder: »Um Mitternacht erlischt der große Scheinwerfer. […] Der ›Feutier‹ [der für die Kerzen zuständige Mitarbeiter] löscht jetzt auch alle Kerzen auf dem großen Kerzenständer vor der Grotte, außer der obersten. Der Strom der Pilger schwächt sich ab« und gegen 0.30 Uhr ist er versiegt. Nur auf dem Platz vor der Grotte harren noch einige Betende aus. Und für manche von ihnen beginnt nun in der Grotte »Eine Nacht bei Maria«, wie der Redakteur François Vayne seine Eindrücke in dieser Nacht überschrieben hat.

> »**2.15 Uhr:** Es nieselt. Der Wallfahrtsort erscheint wie verlassen. Aber in der Grotte beten etwa 50 Menschen.

[…] Eine Familie verharrt in Andacht vor den Kerzen. Einige Pilger sind wie mit dem Felsen verschmolzen. Ein junger Mann ist in der Grotte im Sitzen eingeschlafen; er ist gegen den Felsen gelehnt, und der Kopf ist ihm auf die Brust gesunken. Über ihm wacht, in ein mildes Licht getaucht, die Statue der Jungfrau Maria. Ein etwa 50-jähriger Mann betet auf Knien vor dem Altar den Rosenkranz. Zwei junge Leute beten im Schneidersitz, den Kopf auf die Hände gestützt, zum Herrn. Das Plätschern der Quelle vermischt sich mit dem Knistern der Kerzen. Beim Kreuz verströmt ein Blumenstrauß seinen Duft. Vor der Quelle knien Pilger. Ein Mann blickt stehend mit gefalteten Händen unverwandt zur Statue auf. Ein Paar vertraut sich der Jungfrau Maria an. Ein Kind, das vor seinem Vater kniet, spielt mit einer kleinen Wunderbaren Medaille. Man fühlt sich fast wie in einer familiären Umgebung, wo jeder ungezwungen seiner Beschäftigung nachgeht. Der Felsen ist wie lebendig. Im Bauch der Erde wird jeder inmitten der Nacht neu geboren. Die Grotte ist wie der Mutterschoß. Die Schöpfung liegt in Wehen. … Die neue Menschheit entsteht unaufhaltsam mit Maria. Der Geist der Liebe macht sie hier zu neuen Menschen.

3.45 Uhr: Ein Lieferwagen fährt bei den Kerzenständern vor. Die ›Feutiers‹ sind schon bei der Arbeit. Ein junges Paar geht Arm in Arm weg; ihre Liebe ist ganz Gott hingegeben. Wie Maria und Josef tragen sie ein großes Geheimnis in sich. Eine Frau drückt einen Gegenstand gegen den Felsen und steckt ihn wieder in ihre Tasche. Ein Mann liest für sich das Wort Gottes. Ein anderer murmelt sein Gebet in geheimnisvoller Zwiesprache mit Gott. Wieder ein anderer sitzt mit dem Rosenkranz beim Altar, der dieser Grotte ihren ganzen Sinn verleiht. Stetig knistern die Kerzen, die Quelle plätschert, und das Gebet steigt als unaufhörlicher Lobpreis auf. Die Zeichen des Wassers und des

Felsens und das Gebet können nicht voneinander getrennt werden. Das Gebet ergreift alle, die um diese Zeit hier sind. Das Gebet ist die Herzenseinheit zwischen ihnen und Gott. Ein tiefer Frieden herrscht; die Zeit ist stehen geblieben. Eine Gruppe Jugendlicher kommt herein. Sie knien nieder; sie wenden das Gesicht zur Jungfrau, und ihre Lippen bewegen sich. Sie ist da, und sie nehmen sie in einer innigen geistlichen Erfahrung wahr. Sie war niemals weg; seit ihrer Begegnung mit Bernadette lädt sie alle Menschen zu einem solchen Austausch und zu solcher innerer Zwiesprache ein. Diese Grotte ist das Zelt der Begegnung, wie in der Bibel. Ein junges Paar sitzt schläfrig auf dem Marmor. Eine Frau legt die Hand auf den Felsen, dann auf ihren Hals und ihr Gesicht. Eine andere lehnt sich gegen den Fels unterhalb der Statue. Alle bewegen sich völlig ungezwungen, niemand fühlt sich eingeengt. Alle fühlen sich hier frei und wie zuhause, und ihre Haltung ist voller Anmut und Wahrheit.

4.55 Uhr: Mehr Pilger kommen herein. Es regnet jetzt kräftig. Die Grotte wird zum Zufluchtsort und füllt sich. […] Der ›Feutier‹ hat die Kerzen neu entzündet; er säubert den Marmorboden und versucht, möglichst dezent zu arbeiten, um das Gebet nicht zu stören. Eine Frau wirft eine Spende in den Opferstock. Eine andere drückt Taschentücher gegen den Felsen, während ein Mann gegen den Felsen gelehnt ruht. Sie berühren, schlafen, beten, betrachten ohne übertriebene Gesten in Ungezwungenheit und Achtung, die hier nicht voneinander zu trennen sind. Lourdes erwacht. Die Grotte ist ein Ort der inneren Bewegung, der Stille und der Gemeinschaft. Diejenigen, die früh aufgestanden sind, kommen wie zu einem Treffen. Sie versammeln sich um den Altar, der Quelle, der Statue oder dem Tabernakel zugewandt. Jeder blickt in die Richtung, die seinem Empfinden am meisten entgegenkommt. […] Ein blechernes Geräusch, das von den

Kerzenständern herkommt, erinnert daran, dass die Nacht zu Ende ist. […] Die Menschen strömen jetzt wieder herbei. Und so ist es jede Nacht, jeden Tag in der Grotte von Massabielle: Eine ständige Gegenwart, ein Gespräch mit dem offenen Himmel.

5.50 Uhr: Der für die Kerzen zuständige Mitarbeiter hebt die Medaille auf, mit der das Kind in dieser Nacht gespielt hat. Er legt sie mit der blauen Schnur auf das Glas, das die Quelle schützt. Diese Medaille, die das Kind, in den Armen seines Vaters eingeschlafen, vergaß, fasst ein wenig das Gebet der ganzen Welt zusammen und gibt es als Opfer. Der Mesner richtet den Altar für die Eucharistiefeier her und entzündet die Altarkerzen. Bald wird die erste Hl. Messe des Tages in der Grotte beginnen. Draußen ist es noch nicht hell geworden. Der Strom der Gläubigen setzt ein: Das ist der Fluss ›Hoffnung‹ …«

So endet unsere große Reise durch die Zeit, die in den Jahren 9387 bis 7227 vor Christus mit einem kleinen Pferdchen in der Grotte von Espélugues begonnen hat, im Jahre 2003 nach Christus mit einer Nacht bei Maria in der Grotte von Massabielle.

Verwendete Literatur

– Käthe Bachler: »Der gute Platz – eine große Hilfe für die Gesundheit an Körper, Seele und Geist«, Landesverlag im NP Buchverlag, St. Pölten –Wien – Linz 2004.
– Jean Barbet: »›Die über alles schöne Frau.‹ Die wahre Geschichte der Heiligen Bernadette nach den ersten authentischen Augenzeugenberichten.«, Christiana-Verlag Stein am Rhein, 1. Auflage 1992.
– Benedikt XVI., in: Kirche *heute*, 12/2019, Altötting.
– »Bernadette Soubirous – Eine Heilige Frankreichs, Europas und der Welt«. Mit einem Essay von André Ravier SJ sowie zahlreichen Schwarz-Weiß-Bildern und 16 Farbtafeln von Nils Loose, Herder Verlag 1979. Der Text hat die Imprimatur von Jean Steiff, Bischof von Nevers.
– Hildegard von Bingen, Rupertsberger Scivias, um 1165 (Kopie 20. Jh.), Eibingen, Abtei St. Hildegard.
– Emil Bock LIC.: »Urchristentum – II. Kindheit und Jugend Jesu«, Verlag Urachhaus Stuttgart, 1939.
– Gabriele Buchas: »Es ist, als erwache die Seele – Plätze der Kraft in Wien.« Ein kontemplativer Reiseführer zu alten Kirchen und geheimnisvollen Orten«, austria medien service, Graz 2003.
– Louis Charpentier: »Spanien – Das Geheimnis der Pilgerstraßen«, Goldmann Verlag, 1. Auflage 2/91. Aus dem Französischen von Hainer Kober.
– Daphne Charters: »Naturgeister & Menschen«, Aquamarin Verlag, Grafing 2001.
– Enza Maria Ciccolo: »Lichtwasser – Wasser der heilenden Liebe«, AT Verlag, Baden und München 2004.
– Hans Conrad: »Vom Freidenker zum Ajatollah« in: Zeitschrift Vatican 1/2018.
– Kurt Derungs / Isabelle M. Derungs: »Magische Stätten der Heilkraft – Marienorte mythologisch neu entdeckt«, edition amalia, 2006.

– André Doze: »Der heilige Joseph, Schatten des Vaters«, 1. Auflage 2009, Fe-Medienverlags GmbH, Kisslegg. Französische Originalausgabe »Josef, Ombre du Père« 1989.
– »Die Heilige Schrift« Einheitsübersetzung, Verlag Katholisches Bibelwerk, Deutsche Bibelgesellschaft Stuttgart, 11. Auflage 2006.
– Jean B. Estrade: »Bernadette, die Begnadete von Lourdes«, Johannes-Verlag Leutersdorf am Rhein, 14. Auflage 2000.
– P. Odilo Flagel OSB: »Lourdes«, Gebhard Lins, kath. Buch- und Kunstverlag, Feldkirch-Altenstadt (Austria), ohne Datum.
– P. Ildefons Fux OSB: »Kleine Katechese über den Heiligen Geist« in der Zeitschrift der Legio Maria.
– Pfarrer Johann Peter Gerlach: »Reise durch das südliche Frankreich und einen Theil von Ober-Italien«, 1830.
– Sigismund von Gleich: »Der Mensch der Eiszeit und Atlantis mit besonderer Berücksichtigung der Urgeschichte der Mongolen, Abessinier und Basken«, J. Ch. Mellinger Verlag, Stuttgart. Unveränderter photomechanischer Nachdruck der Ausgabe von 1936, 3. Auflage 1990.
– Sigismund von Gleich: »Siebentausend Jahre – Urgeschichte der Menschheit – zwischen 12000 und 5000 v. Chr.«, J. Ch. Mellinger Verlag, 3. Auflage 1987.
– Leo Gommenginger: »Warum in Lourdes?« in: Die wunderschönen Mariengeschichten, Heft Nr. 12, Miriam-Verlag, Jestetten.
– Brüder Grimm: »Irische Elfenmärchen«, Einleitung von 1825, insel taschenbuch 1987.
– Wolfgang Held: »Im Zeichen des Tierkreises – Leben mit den Sternen«, Verlag Freies Geistesleben 1. Auflage 2015.
– KATECHISMUS DER KATHOLISCHEN KIRCHE - Neuübersetzung aufgrund der Editio Typica Latina,

Oldenbourg – St. Benno-Verlag – Paulusverlag, deutsche Erstausgabe 2003.
– Pfarrer Urs Keusch in: VISION 2000, Wien.
– Dr. Sonja Klug: »Kathedrale des Kosmos«, Kluges Verlag. 2001
– Professor Dr. Herbert Kühn: »Das Erwachen der Menschheit«, Fischer Taschen Bücherei KG, Frankfurt am Main und Hamburg, Neudruck 2016 von 103.–127. Tausend 1958.
– René Laurentin: »Das Leben der Bernadette – Die Heilige von Lourdes«, Patmos Verlag Düsseldorf, 1. Auflage 1979.
– Mehrere Artikel aus dem Lourdes Magazine – »Die Zeitschrift des Pilgers«, Nr. 122, Okt./Nov. 2003.
– Blanche Merz: »Orte der Kraft«, AT Verlag, Aarau/Schweiz, 1999.
– Hermann Platz: »Zur Vorgeschichte der metaphysischen Aufbruchsbewegung in der neuesten französischen Literatur«, in: »Wege nach Orplid III« Herausgegeben von Dr. Martin Rockenbach * 8. Bändchen JUNGES FRANKREICH ORPLID-VERLAG M. GLADBACH UND KÖLN.
– PURspezial: Thema Immaculata, Katholisches Themenheft 4/2004, Kisslegg.
– PURspezial: Thema Lourdes, Katholisches Themenheft 1/2008, Kisslegg.
– Philippine de Saint Pierre: »150 Jahre Lourdes«, in der Zeitschrift »Sendbote«, Februar 2008.
– Kardinal Christoph Schönborn in: VISION 2000, 5/2005, Wien.
– Carlos Collado Seidel: »Die Basken – Ein historisches Portrait«, Verlag C. H. Beck.
– »Unsere liebe Frau von Lourdes und ihre Auserwählte – Bernadette« in: »Nun breite deine Hände aus – Lourdes«. Text: Prof. Dr. Alfred Läpple, Photos: Hans Günter Numberger und Peter Ardelt; Genehmigte Sonderausgabe für die Weltbild-Bücherdienst GmbH, Augsburg; Paul Pattloch Verlag, Aschaffenburg 1981.

– Mathias Joseph Scheeben in: »150 Jahre Dogma der Unbefleckten Empfängnis« in der Zeitschrift »Der Jünger Christi«, Österreich, Februar 2005
– Markus Sommer: »Heilpflanzen«, Verlag Freies Geistesleben & Urachhaus GmbH Stuttgart 2011.
– Dr. Patrick Theillier in: VISION 2000, 3/2008, Wien.
– P. Hans Wallhof: »Zärtlichkeit – eine Antwort«, Lahn-Verlag 1976.

Erscheint im Herbst 2020

ISBN: 978-3-8107-0330-9
Softcover, 14,80€
Bestellen auf www.bernardus-verlag.de

Die heilige Bernadette kann man nur verstehen, wenn man sich ihr nähert in dem Bewusstsein, dass man eine Seele vor sich hat, die mit ihrer natürlichen, offenen und ehrlichen Art fest in der unergründlichen Tiefe des katholischen Frankreich verwurzelt war. Die Armut, in der sie aufwuchs, und auch ihre schwache Gesundheit gehörten von Anfang an zu ihrem vorherbestimmten Weg ebenso dazu wie das tägliche Vaterunser und der Rosenkranz in ihrer Familie. Es war letztendlich der Weg der liebenden Kreuzesnachfolge Jesu Christi.

Vor allem anhand von Originalzeugnissen aus der Zeit Bernadettes in Lourdes und Bartrès, den Erinnerungen ihrer Zeitgenossinnen in Nevers und Bernadettes Notizbuch mit ganz persönlichen Aufzeichnungen schildert Gunda Maria Eggerking das beeindruckende und vielfach unbekannte Leben Bernadettes und ihr Leben als Schwester Marie-Bernard in Nevers.